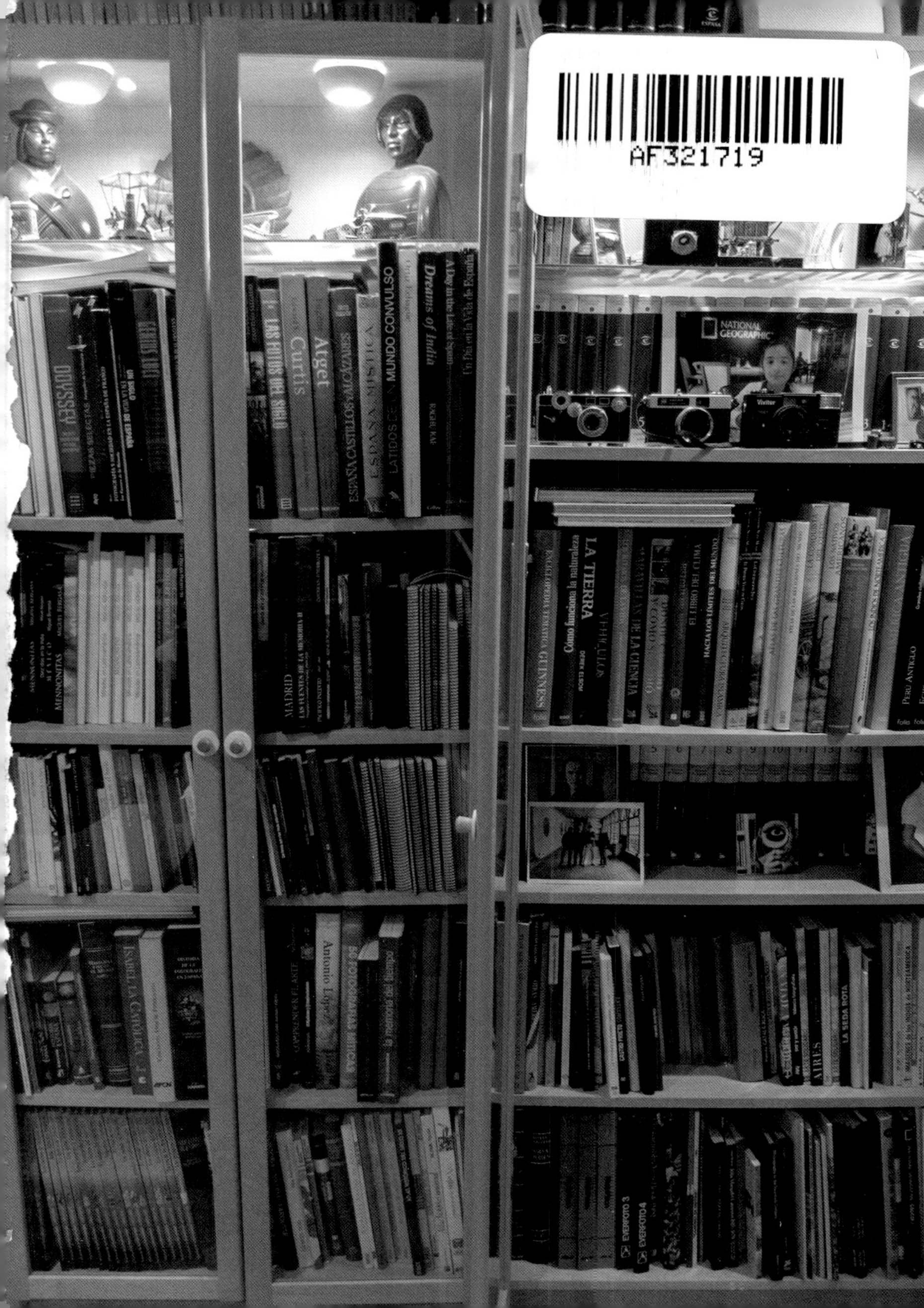

Biblioteca PHotoBolsillo

Miguel Bergasa

PHoto**Bolsillo**   LA FABRICA 20 AÑOS

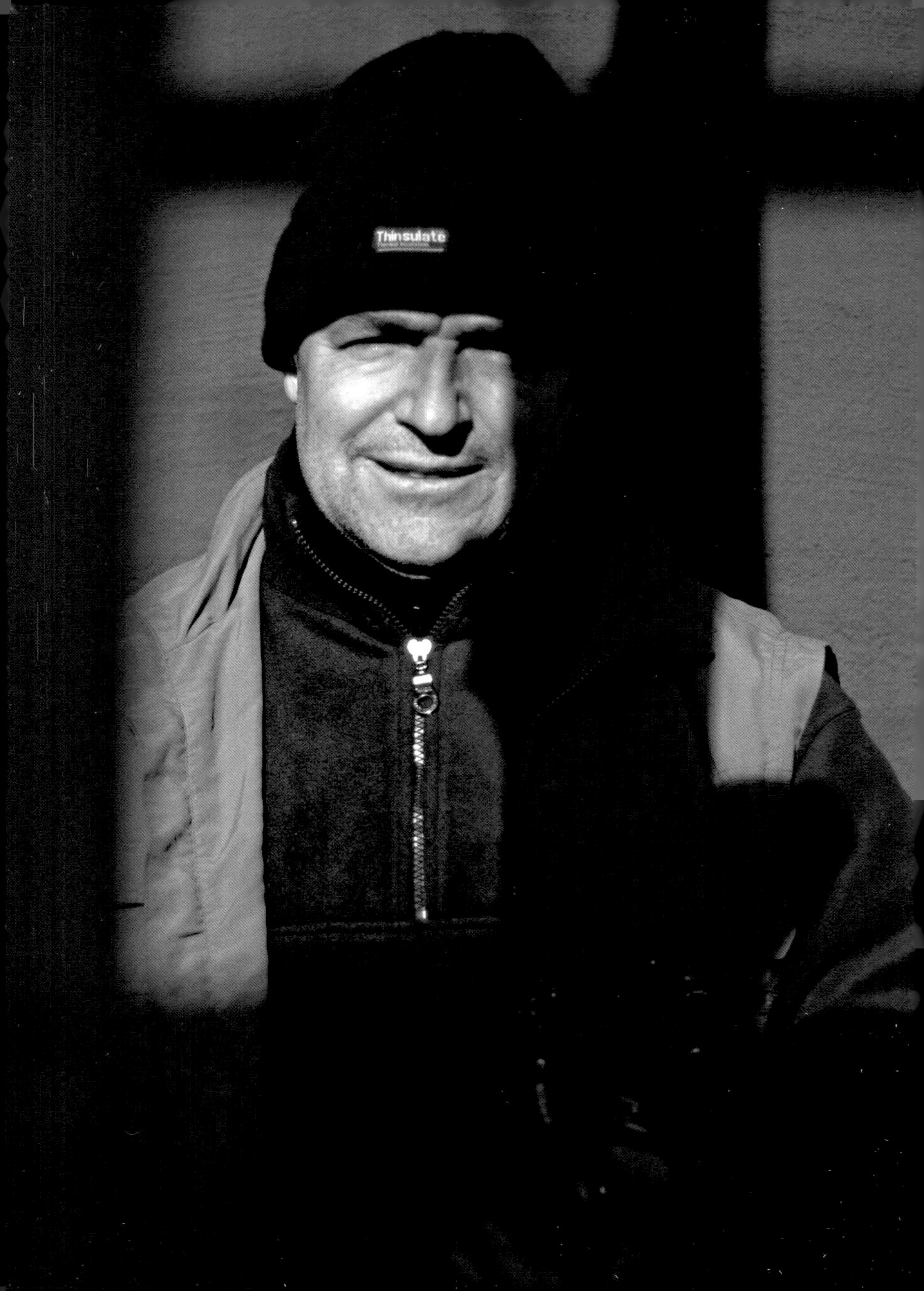
Thinsulate

Miguel Bergasa
A su modo, aquí y allá
Rosalind Williams

La fotografía forma parte de la vida cotidiana de todo el mundo. En efecto, casi todo el mundo, en casi cualquier país del planeta, puede decir que ha tomado al menos una foto en su vida. Otro asunto es que esta realidad nos permita considerarnos a nosotros mismos bien fotógrafos profesionales, bien fotógrafos aficionados.

La fotografía en España ha hecho grandes progresos, especialmente desde la década de 1970, y es un sector que disfruta de presencia estable. Para conocer los obstáculos que Miguel Bergasa y otros fotógrafos que empezaron a trabajar en España en esa década puede resultar útil reflexionar sobre algunos hechos históricos que permitirán ver la evolución del medio fotográfico en este país.

En primer lugar, cabe destacar la escasez de información sobre los fotógrafos españoles que han ejercido en el pasado. Una se pregunta, en efecto, por qué no fueron más conocidos allende las fronteras de su país, hecho que se hace patente hojeando catálogos de cualquier evento fotográfico internacional de entonces, como Paris Photo o la muestra de la Association of International Photography Art Dealers, de Nueva York.

Podríamos conjeturar que los fotógrafos españoles bien no dan importancia a la participación en tales eventos, bien no saben cómo acceder a ellos para ganar visibilidad. Hace muchos años, tras estudiar la cuestión

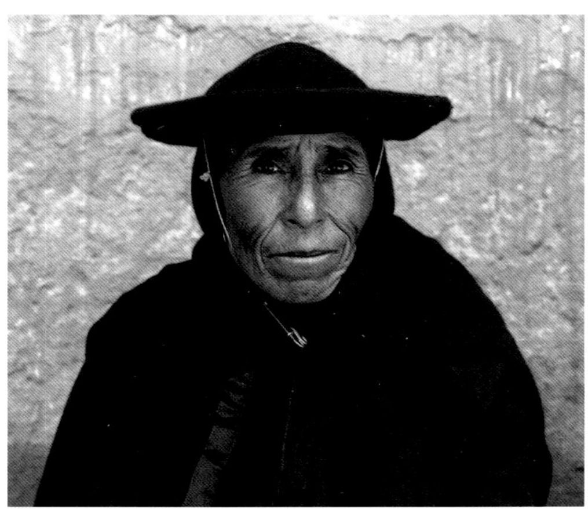

Mujer aymara. Lampa, Perú, 2014

de la ausencia de fotógrafos españoles en la escena internacional, Lee Fontanella y yo llegamos a la conclusión de que el título ideal para un libro sobre la fotografía en España sería *La empinada cuesta que sube a la ciudadela fortificada de la fotografía española.*

El camino del fotógrafo que trabaja en España podría compararse con, digamos, una interminable travesía por el desierto. La vida intramuros en esa ciudadela fortificada de la fotografía en España puede hacerse dura y difícil para los profesionales.

Volviendo atrás en el tiempo, desde sus inicios durante la década de 1840, la fotografía en España se ha situado siempre en un segundo plano y ha permanecido ajena al proscenio de los acontecimientos. En otras palabras, España no ha participado de los principales movimientos fotográficos ni ha aportado mucho al desarrollo tecnológico en el ámbito fotográfico. La actividad se centraba entonces en Francia e Inglaterra. Los españoles que deseaban ejercer la fotografía tenían que embarcarse en arduos viajes a fin de adquirir la formación y los materiales necesarios para convertirse en fotógrafos. Dada la naturaleza agrícola del país, que carecía entonces de industria, la práctica de la fotografía se limitaba a una elite que disponía del tiempo y los medios imprescindibles y se dedicaba fundamentalmente a profesiones liberales.

Más adelante, en la década de 1860, España se convirtió en destino predilecto para fotógrafos extranjeros deseosos de tratar temas exóticos para el espectador europeo. También era escala obligada en el camino del fotógrafo a tierras distantes. El fotógrafo británico Charles Clifford y, más adelante, el francés Jean Laurent trabajaron en muchas ocasiones con la familia real española y mantuvieron ambos un equipo de aprendices y ayudantes españoles.

Aquellos jóvenes fotógrafos aspirantes aprendieron el oficio de estos y otros profesionales extranjeros que viajaron por todo el país, hasta que ganaron la capacidad y seguridad necesarias para aventurarse en solitario, abriendo estudios en ciudades como Madrid, Barcelona, Valencia o Sevilla, entre otras.

La evolución de la fotografía en España, fluida desde finales del siglo XIX y durante los primeros años del XX, se detuvo en seco con la catástrofe de la Guerra Civil. Según López Mondéjar, «la España de Franco se cerró sobre sí misma y condenó a sus habitantes a un largo periodo de empobrecimiento y aislamiento internacional» hasta más allá de los años cuarenta.

Por suerte, la situación empezó a cambiar a principios de la década siguiente para los españoles en general y para el gremio fotográfico en particular y no ha dejado de progresar desde entonces. En un intento de modernizar y hacer avanzar en todo el país la práctica fotográfica, maltrecha tras la guerra y víctima de sus secuelas, a mediados de la década de 1950 los fotógrafos centraron sus esfuerzos en la fundación de las llamadas «agrupaciones fotográficas», sociedades rudimentarias y austeras solo para miembros. Estos grupos disfrutaron de una tremenda popularidad y fueron la fuente principal de la actividad fotográfica. Proliferaron en ciudades grandes y pequeñas de toda la península y a través de ellos los interesados en la fotografía tuvieron la oportunidad de adquirir conocimientos básicos y entablar relación con otros fotógrafos. Asimismo, se hicieron habituales las exposiciones fotográficas de fotógrafos miembros o invitados.

Por retomar el símil, empezaron a abrirse entonces caminos que salían de la ciudadela fortificada que hasta entonces había sido la fotografía en España. Las agrupaciones fotográficas empezaron a tomar parte en intercambios y certámenes nacionales e internacionales. Fue a través de ellas como Miguel Bergasa se hizo un hueco en la comunidad fotográfica, primero en Pamplona y después en Madrid.

Bergasa, nacido en la capital navarra, se interesó por la fotografía a principios de la década de 1970. Con anterioridad, un amigo de la familia le había prestado una cámara con la que tuvo la oportunidad de experimentar. Más tarde, su amigo Adolfo Martínez lo acompañó a la Agrupación Fotográfica de Navarra, donde perfeccionó sus habilidades de revelado e impresión.

Cuando se instaló en Madrid mantuvo brevemente contacto con la Real Sociedad Fotográfica, donde visitó exposiciones dedicadas a fotógrafos miembros o invitados y también conoció a profesionales, tanto principiantes como consolidados. Asimismo, participaba en certámenes y visitaba regularmente las dos únicas galerías dedicadas a la fotografía de la capital, Photocentro y Redor, acudiendo asimismo a las exposiciones organizadas por diversos colegios mayores. Le interesó especialmente una, presentada en el antiguo Museo Español de Arte Contemporáneo, que reunía diversos trabajos realizados en América Latina durante 1982 y firmados por fotógrafos como Chambi, Álvarez Bravo, Graciela Iturbide o el argentino Pedro Luis Raota. Esa exposición despertó en Bergasa un interés por América Latina que llega hasta hoy.

Compró su primera cámara en esos años en Madrid, concretamente en 1974, en el rastro. El típico mercado de segunda mano madrileño le llamaba especialmente la atencion y allí se pasaba las tardes de domingo haciendo fotos. Poco a poco se dio cuenta de que sus fotografías reflejaban un deseo de guardar un diario vital, escrito no con palabras sino con imágenes en blanco y negro.

Nacido en una familia de profesores, desde muy joven estuvo acostumbrado a una vida ordenada. Su padre ejerció como su mentor particular y le inculcó el valor del trabajo duro combinado con dotes organizativas. Bergasa ha sabido desarrollar ambos hábitos, que aplica hoy meticulosamente y le son esenciales para su ejercicio fotográfico.

Su principal interés a lo largo de los años ha sido capturar y documentar momentos que se han desvanecido, que ya no forman parte de la España cotidiana.

Tan importante como su fotografía es la pasión que siente por los temas que trata. En cualquier caso, su método fotográfico gira en torno a tres *pes*: pasión, paciencia y perseverancia. Tras la chispa prendida por la fotografía hecha en América Latina a principios de la década de 1980, decidió lanzarse a la documentación de diversos aspectos de la vida en su país y en el continente americano.

Desde 1983, a lo largo de treinta y dos años, Bergasa ha hecho veintisiete expediciones fotográficas a América Latina. No solo se propone intentar comprender en profundidad las diversas culturas de cada país en que elige trabajar, sino que insiste en investigar minuciosamente un tema determinado, gracias a su curiosidad

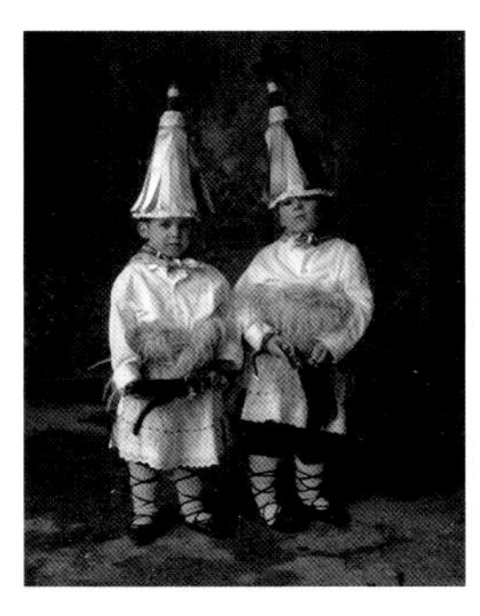

Navarra, 1991

inacabable por descubrir nuevas culturas y todo lo que le rodea en cada momento.

Hay una serie que se alimenta de su interés por determinados aspectos de la cultura en España, la cual investiga tendiendo puentes visuales con América Latina. Encontramos una muestra de ello en la serie *Ritos y otras tradiciones*, en la que capturó imágenes de procesiones de Semana Santa y de romerías de su tierra, Navarra, exportando a continuación la idea a América Latina y mostrando a través de su objetivo semejanzas obvias o sutiles con ceremonias homólogas de origen colonial, en las que, por ejemplo, se mezcla la pasión de Cristo con las centurias romanas.

Trabajar entre Madrid y Pamplona permite a Bergasa distanciarse del mundo contaminado o, como él lo llama, el «circo mediático de la fotografía». En su opinión, entre 1974 y 1980 la fotografía española basculó de una corriente a otra, cubriendo todos los frentes. Estaba, en otras palabras, poco definida. Pero conforme avanzó la nueva década, aparecieron determinados estilos. Algunos fotógrafos seguían ciertas tendencias en la producción de imágenes consideradas «a la moda» y proliferaron, por otro lado, los certámenes. Fue en este momento cuando Bergasa se centró en ilustrar con su cámara la condición humana.

También entonces comenzó la serie *El hombre y su entorno*, que continúa a día de hoy, en la que documenta diversas profesiones ya casi extintas en España. Bergasa trabajó primero en Pamplona y otras localidades de Navarra y más adelante en otras ciudades españolas, como Valencia o Las Palmas de Gran Canaria. Al mismo tiempo, adaptó la idea de esta serie a la realidad latinoamericana y la puso en práctica durante sus frecuentes viajes.

Bergasa ha trabajado casi siempre en soledad y su labor como fotógrafo se caracteriza por una sincera pasión por la fotografía, a la que acompaña el hábito adquirido de la paciencia y la perseverancia. Esto se hace evidente en su notable serie *Menonitas*, quizá la más famosa de todas las suyas, realizada en Paraguay a lo largo de varios años en que viajó varias veces a ese país. Para ello, Bergasa estableció un vínculo con la comunidad menonita que continúa a día de hoy y consiguió

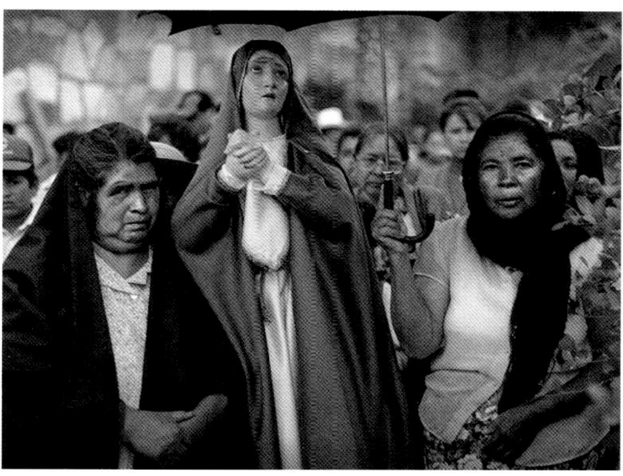

compartir con esas familias hasta sus momentos más íntimos. Su amistosa personalidad le ayudó a ganarse la confianza de los retratados, lo que le permitió obtener conmovedoras imágenes de momentos muy especiales, como la visita de familiares una ceremonia religiosa o un funeral.

Ciertamente, Bergasa no se dejó distraer por lo que la comunidad fotográfca española juzgaba «a la moda». Siempre ha dicho que ha hecho las series que consideraba merecedoras de su atención y esfuerzo. Fiel a sus raíces pamplonicas, a sus amigos y conocidos madrileños y a los que ha conocido en América Latina, Bergasa ha descubierto a lo largo de estas cuatro décadas como fotógrafo que una vez se consolida y se sigue una ética de trabajo firme, el reconocimiento llega necesariamente. Este es, en esencia, el secreto de su filosofía como artista.

No verse sometido, para bien o para mal, a las restricciones impuestas por becas y subvenciones ha concedido a Bergasa la oportunidad de elegir *motu proprio* una meta profesional: llevar la imagen de América Latina a España de manera sencilla a lo largo de las décadas, permitiendo que sus fotografías diluyan las fronteras entre ambos mundos, las cuales se hacen casi indistinguibles a través de su objetivo. La fotografía de Bergasa está aquí, en España, y también allá, en América Latina.

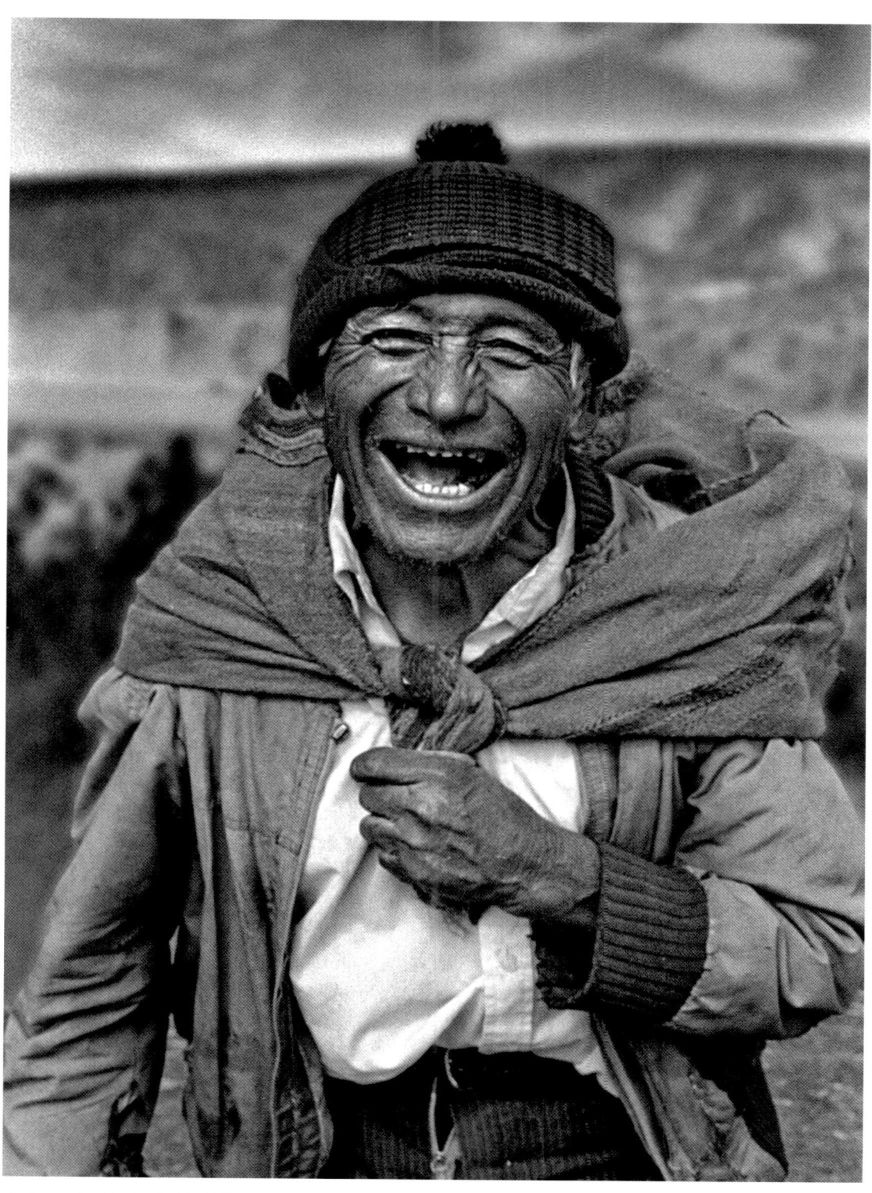

01. Campesino. Ticatica, Bolivia, 1989

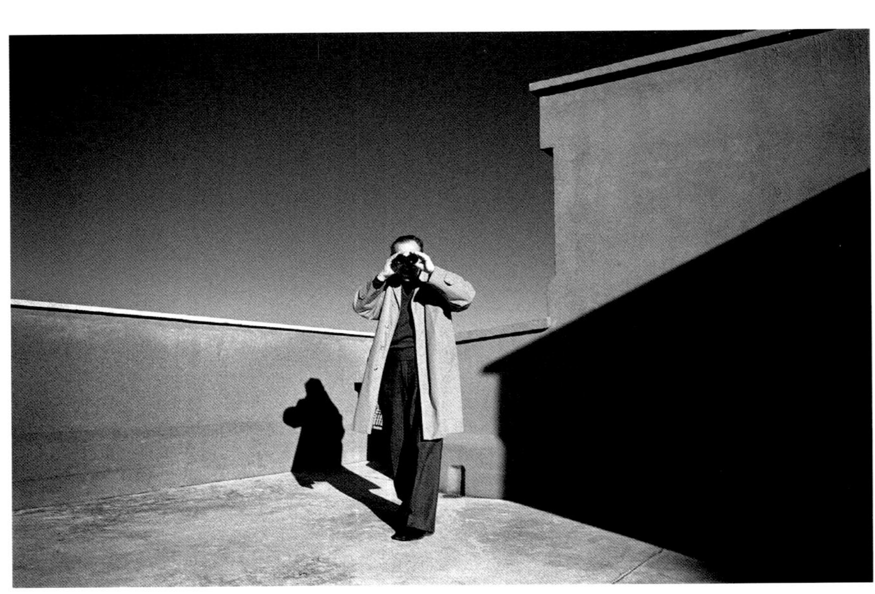

02. Búsqueda. Pamplona, 1976

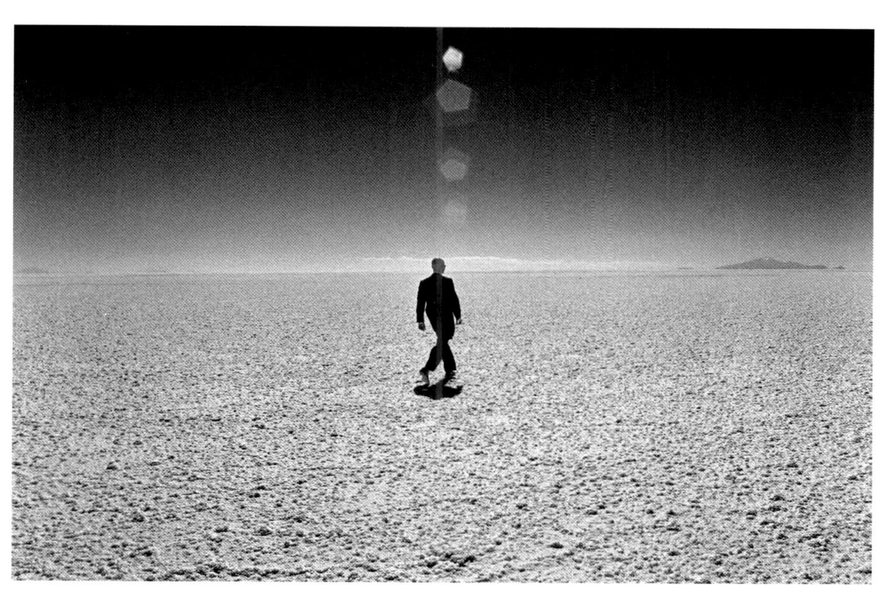

03. Salar de Uyuni. Bolivia, 2001

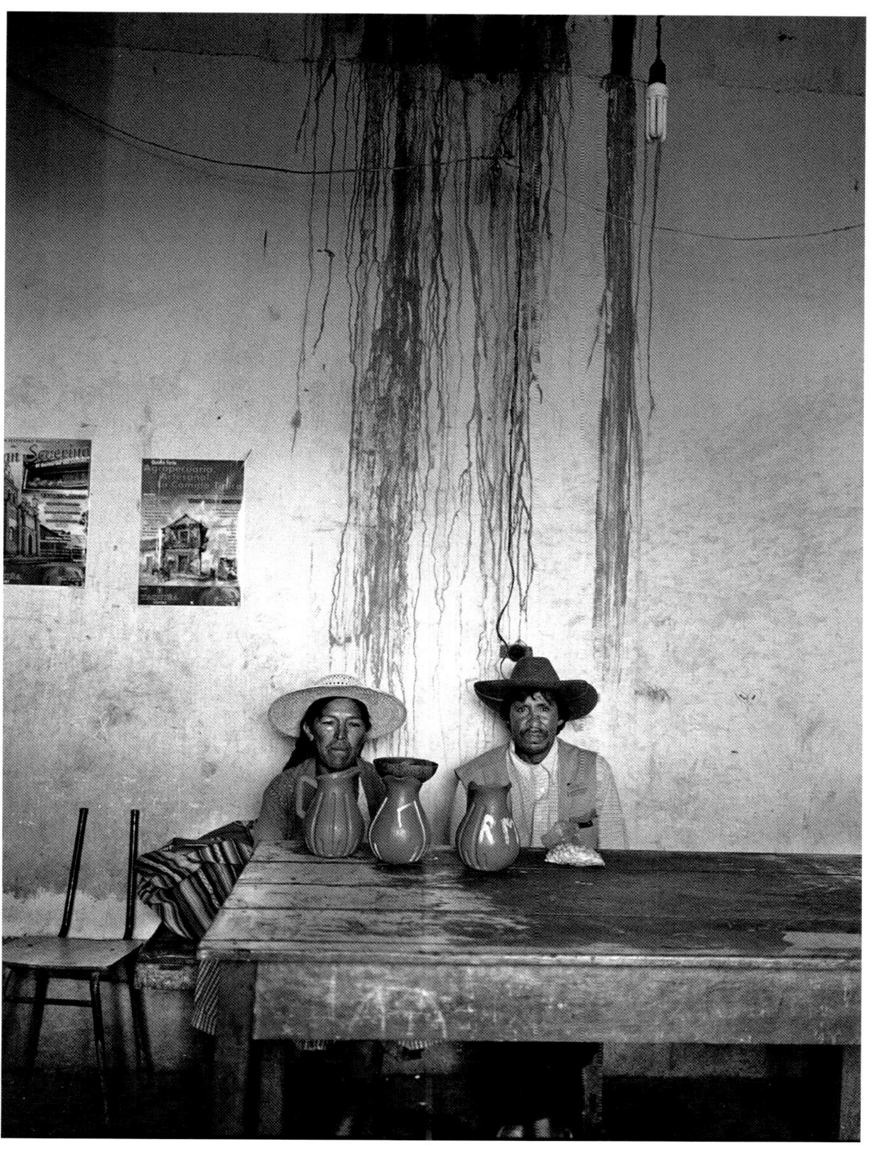

04. Chichería. Tarata, Bolivia, 2009

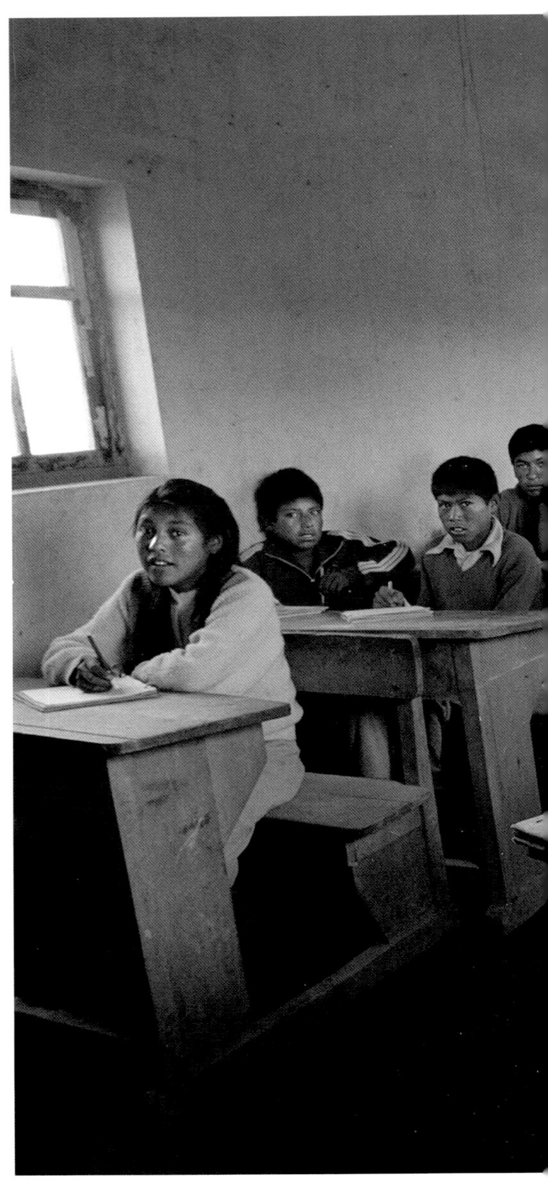

05. Escuela. San Juan, Bolivia, 1989

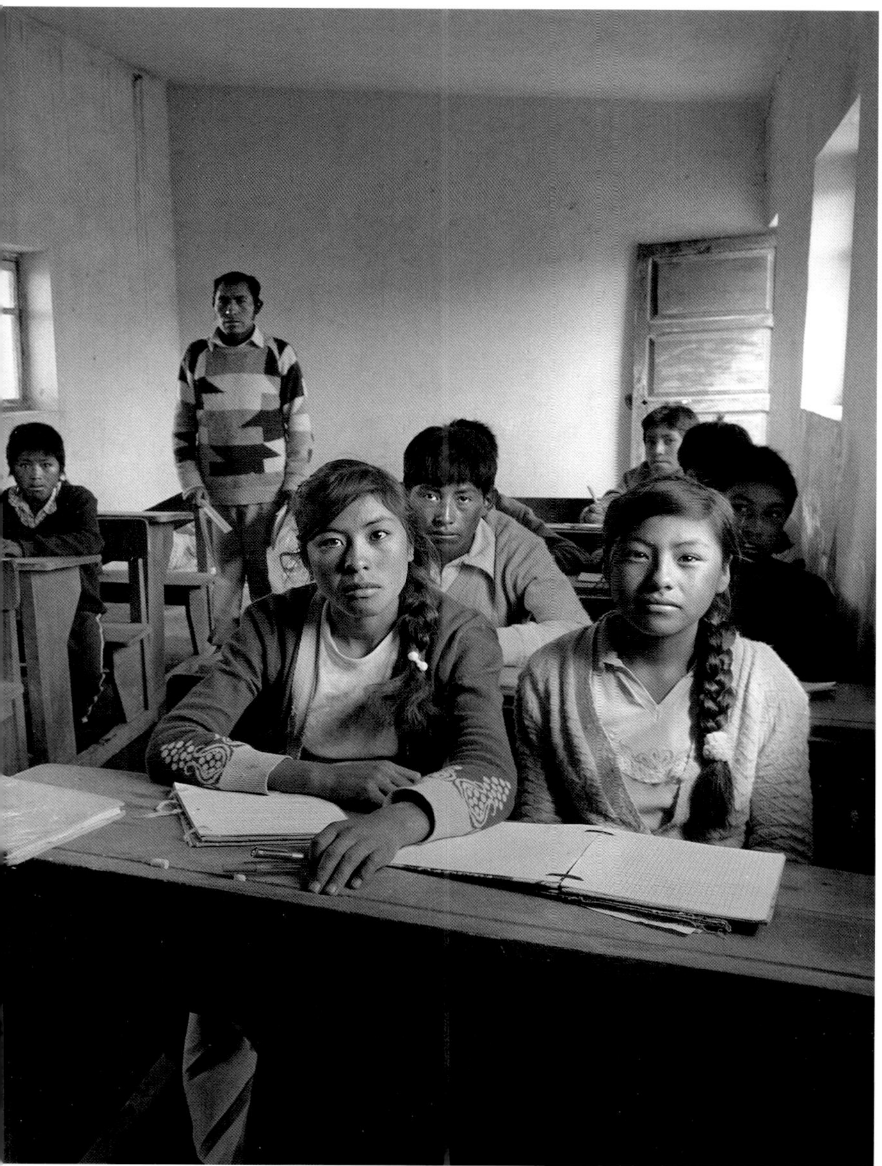

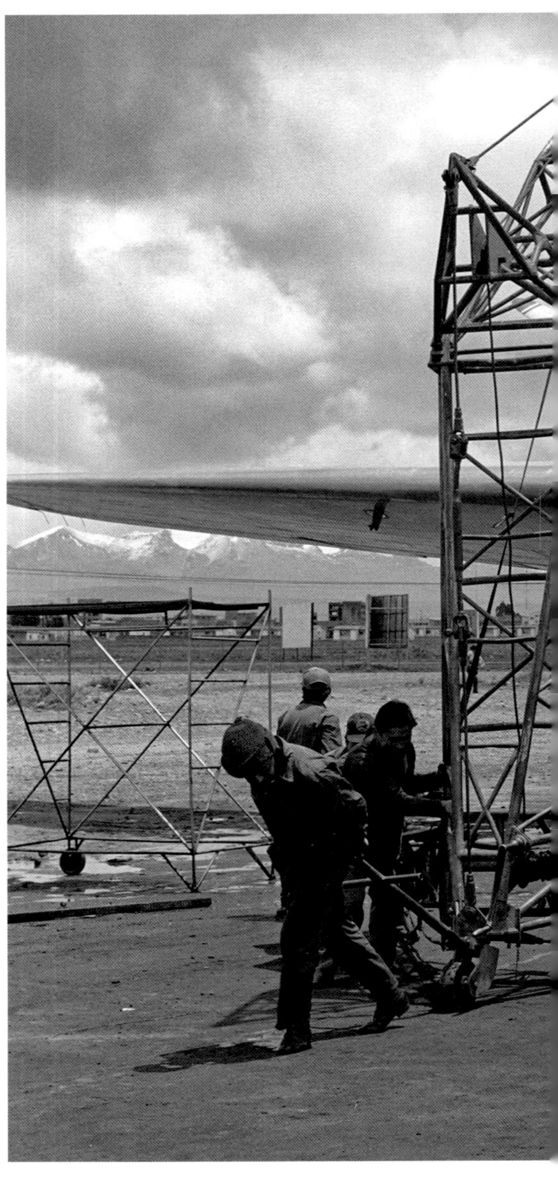

06. Mecánicos de aviones carniceros. El Alto, Bolivia, 1990

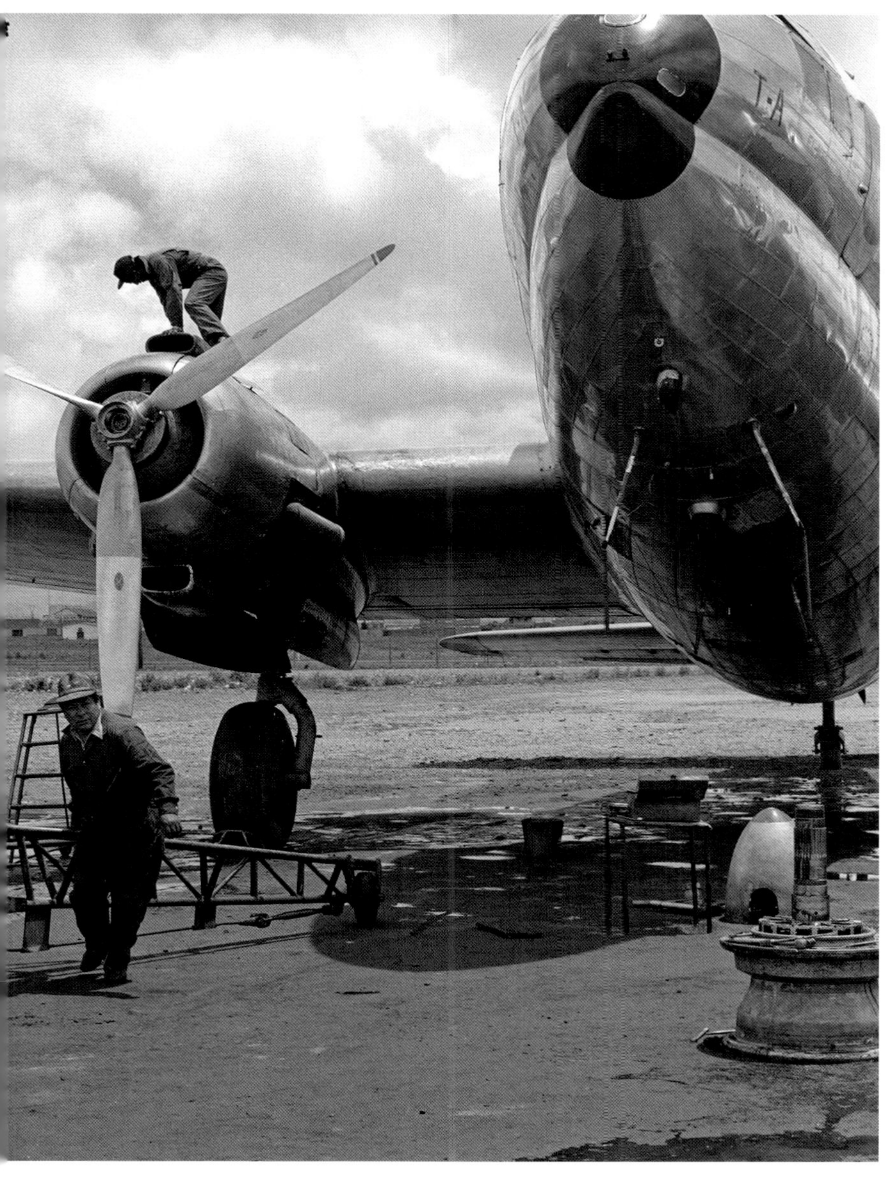
T·A

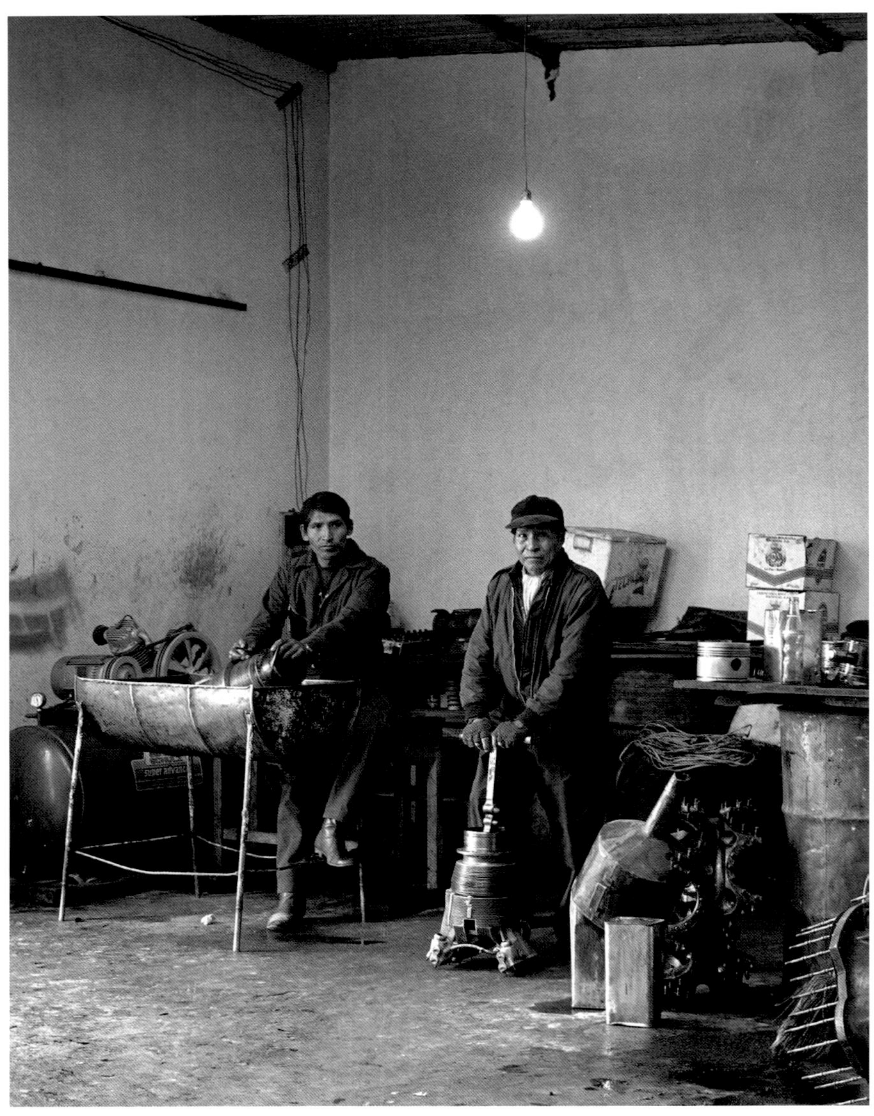

07. Mecánicos de aviones carniceros. El Alto, Bolivia, 1990

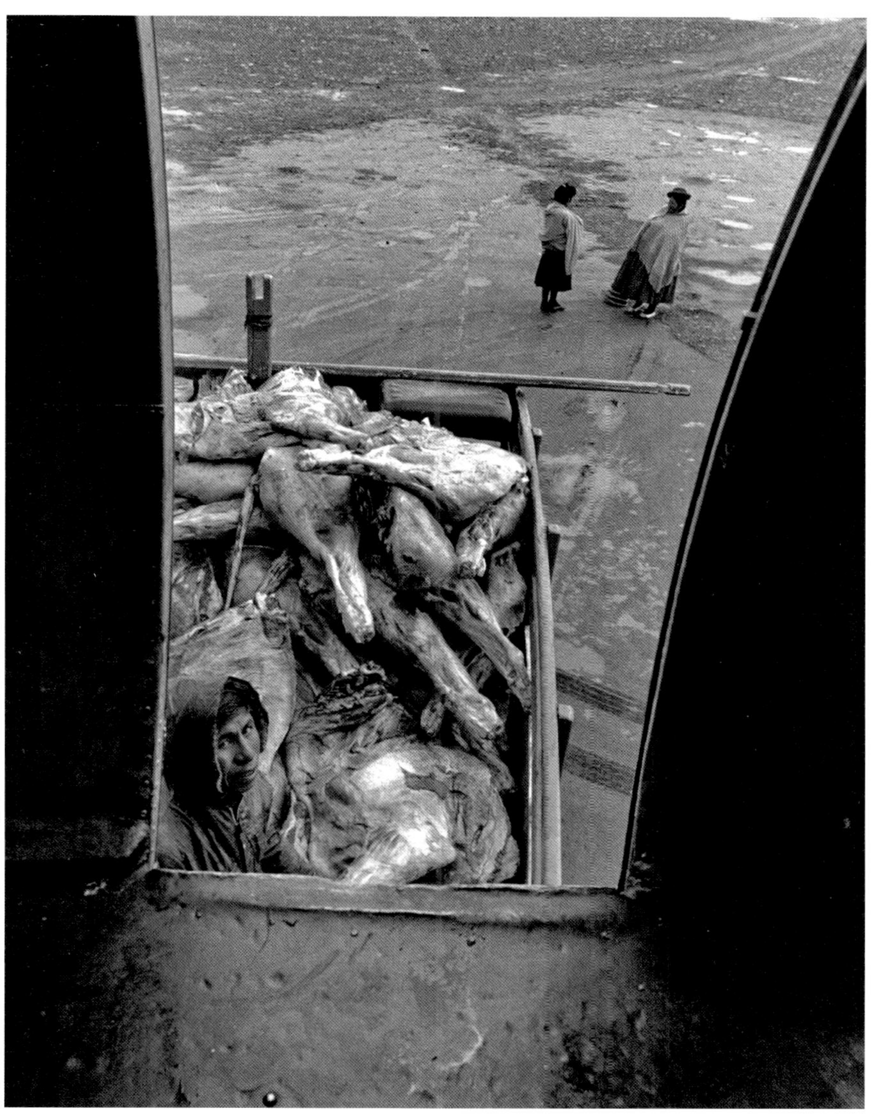

08 Descarga de carne. Aviones carniceros. El Alto, Bolivia, 1990

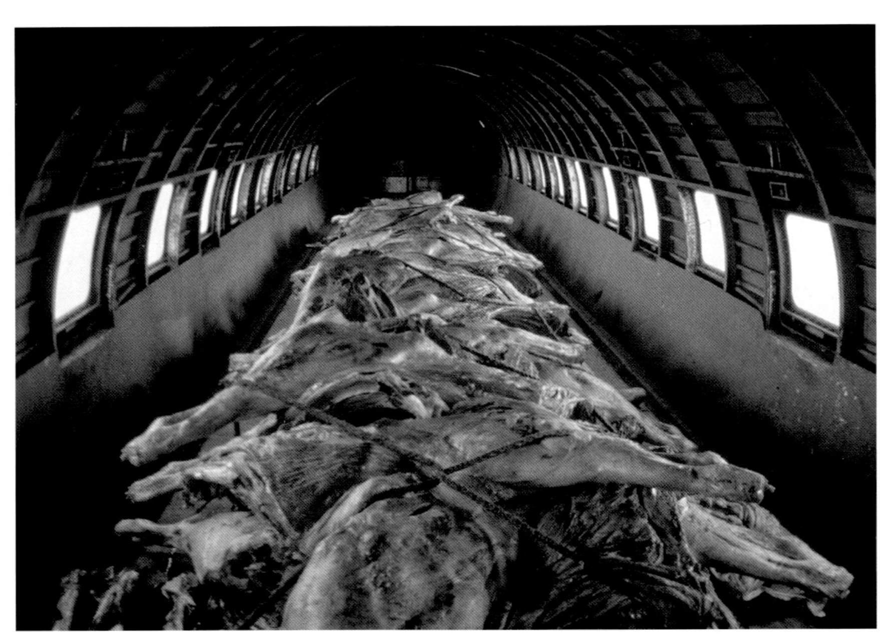

09. Aviones carniceros. El Alto, Bolivia, 1990

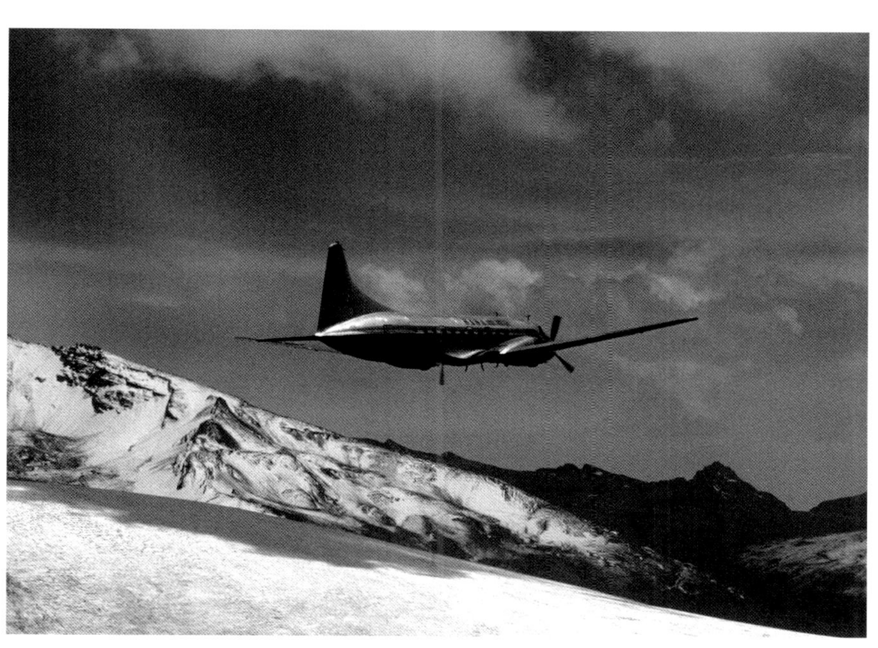

10. Avión carnicero sobre los Andes. Bolivia, 1990

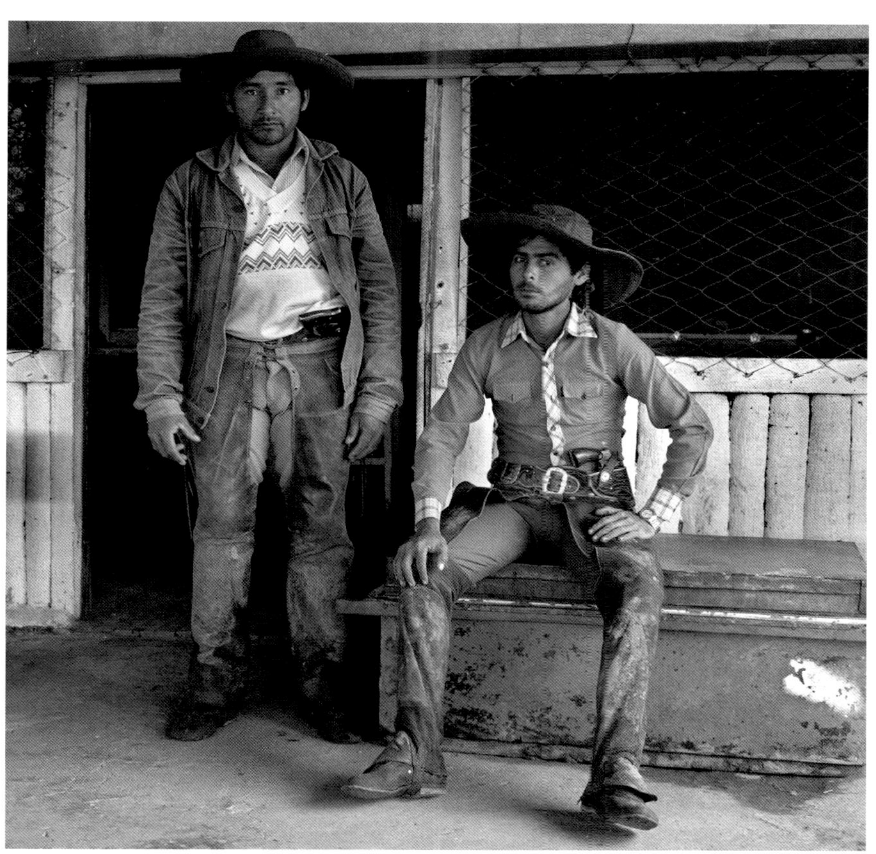

11. Troperos. Monte Lindo, Paraguay, 1988

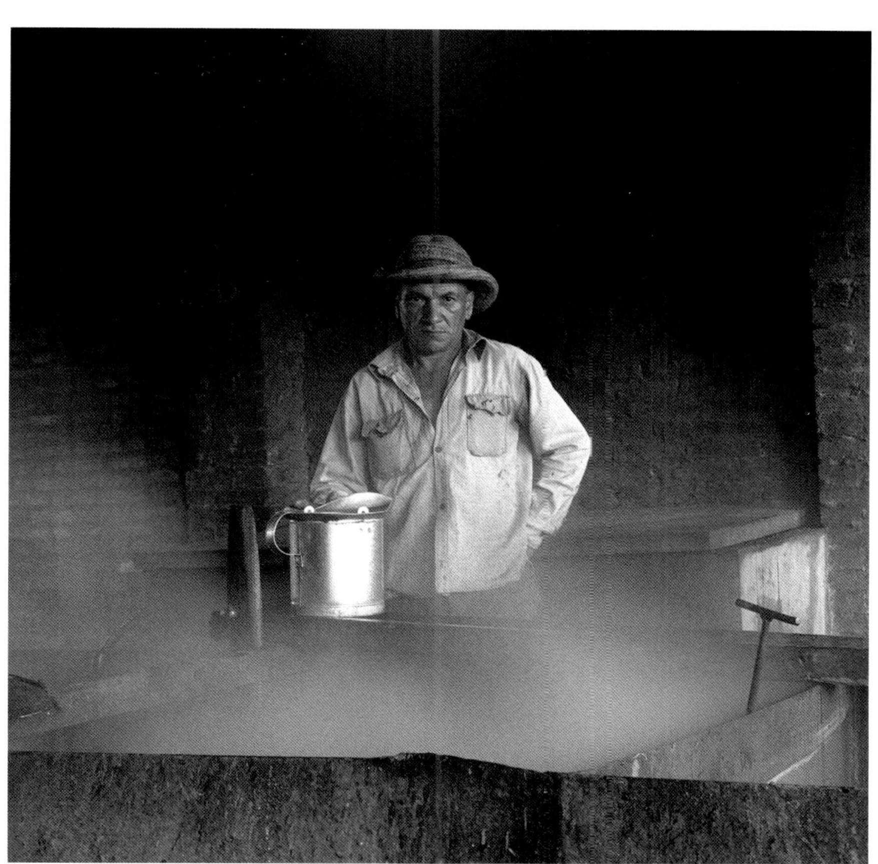

12. Trapiche. Itá, Paraguay, 1986

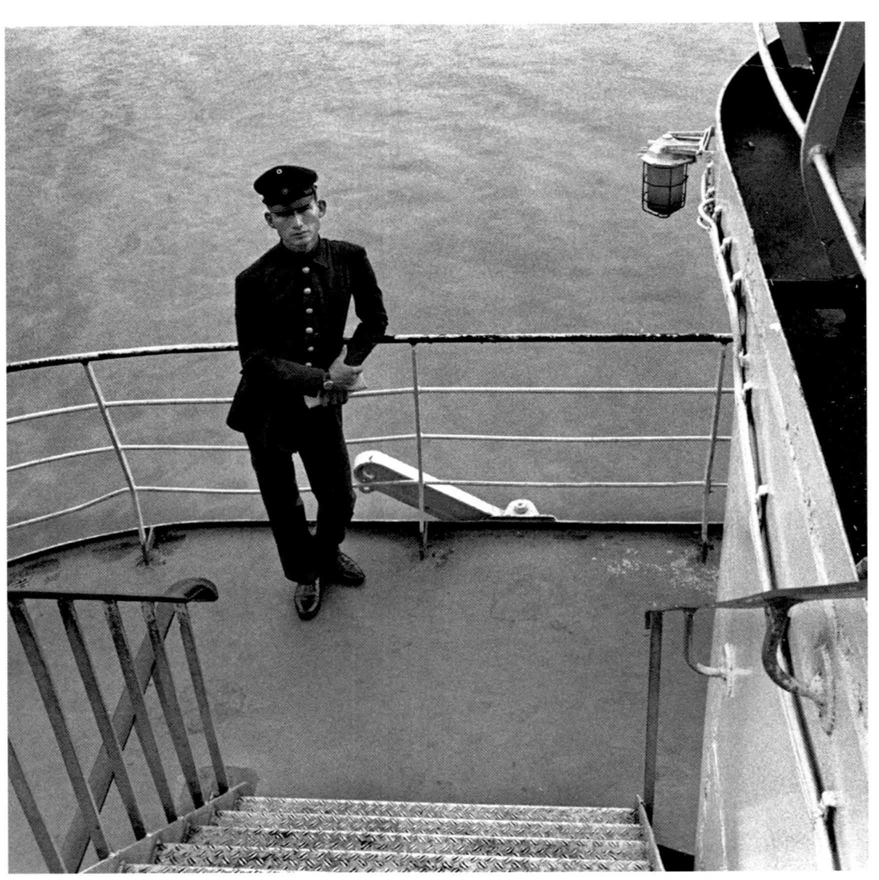

13. Soldado en barco. Asunción, Paraguay, 1984

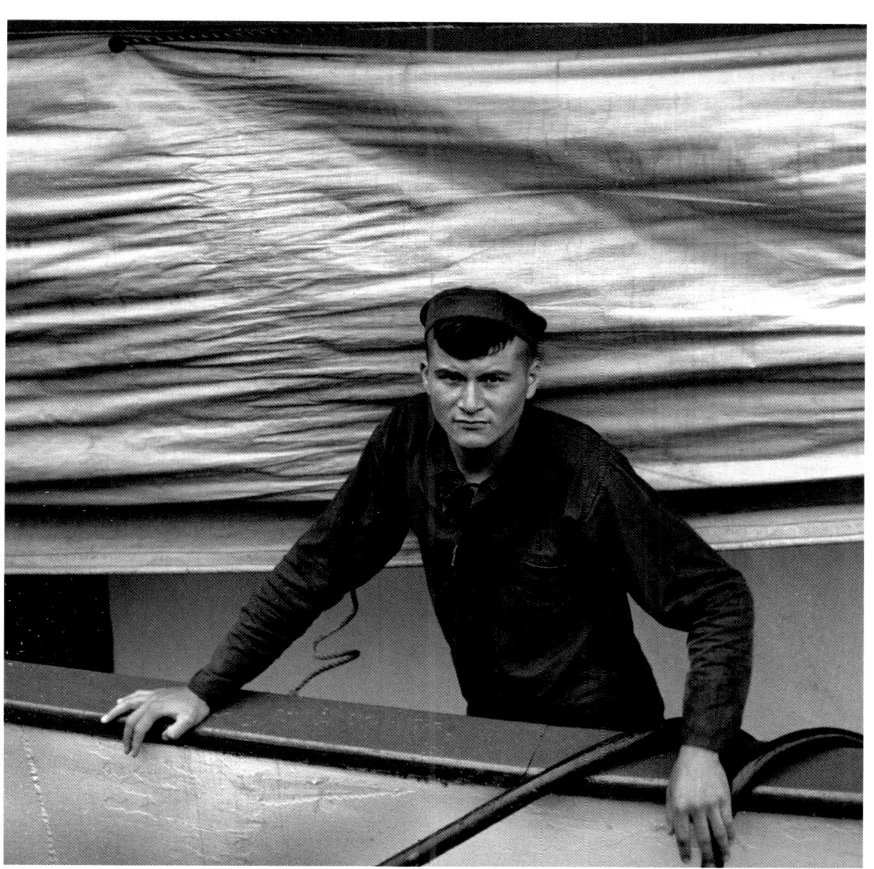

14. Marinero. Paraguay, 1986

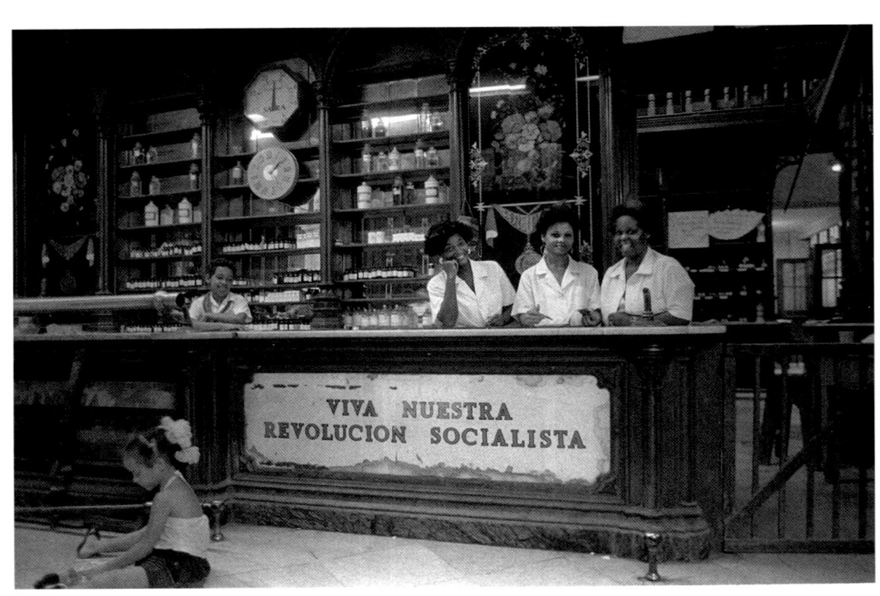

15. Farmacia. La Habana, 1991

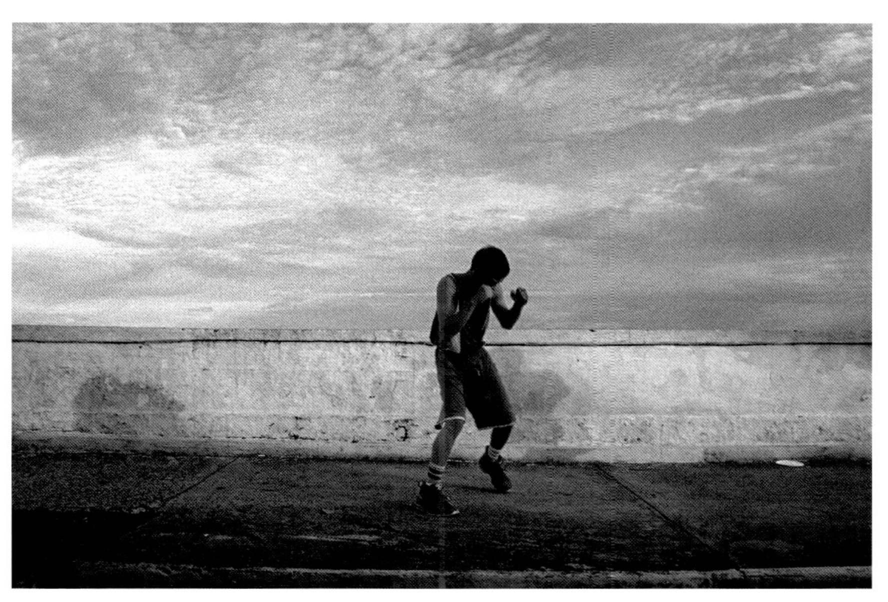

16. Boxeador. Ciudad de Panamá, 1996

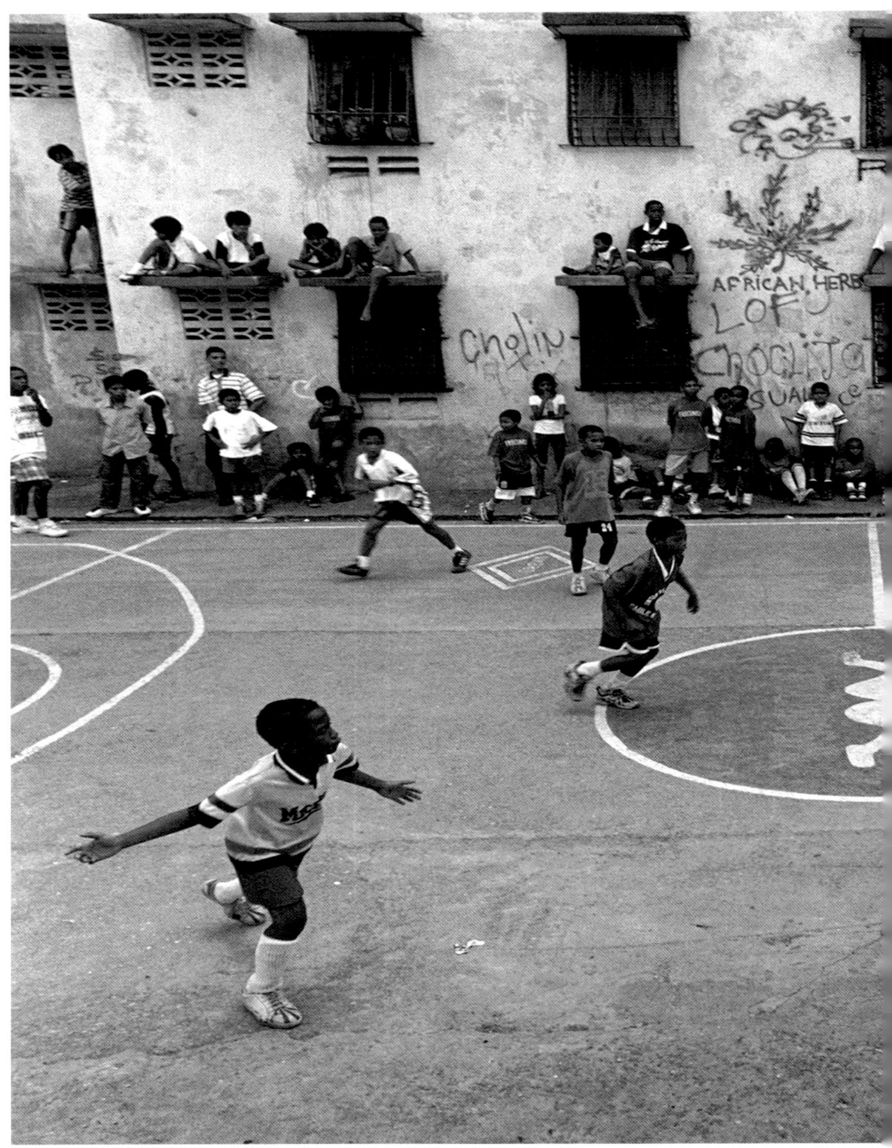

17. Futbito. Ciudad de Panamá, 2000

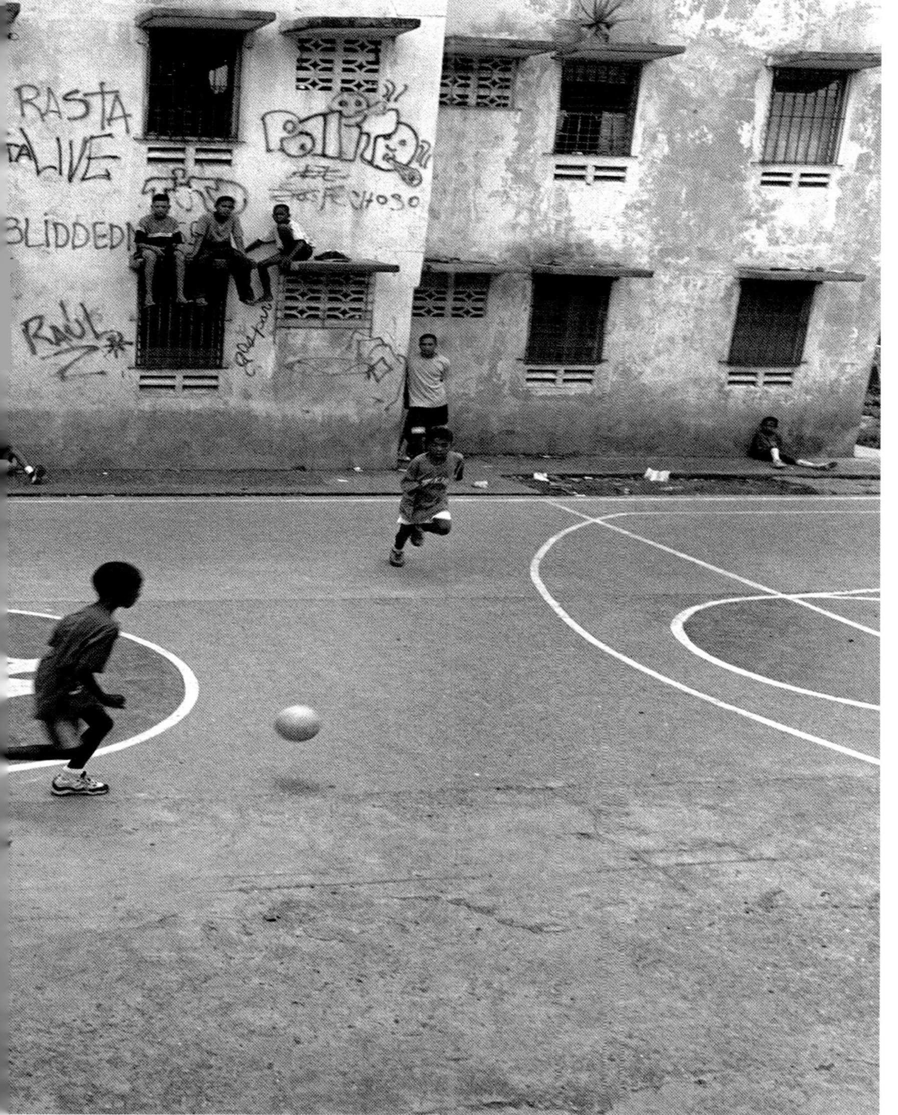

RASTA
DA LIVE
BLIDDED
RAUL

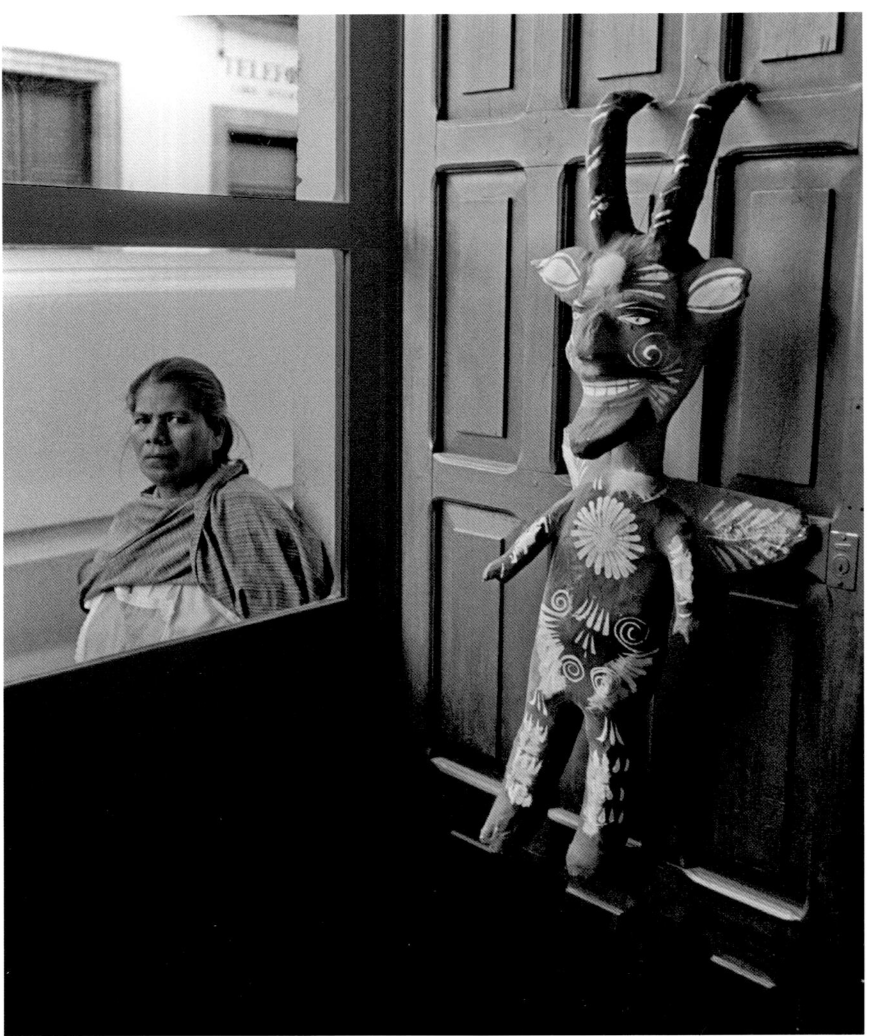

18. Días de difuntos. Pátzcuaro, México, 1995

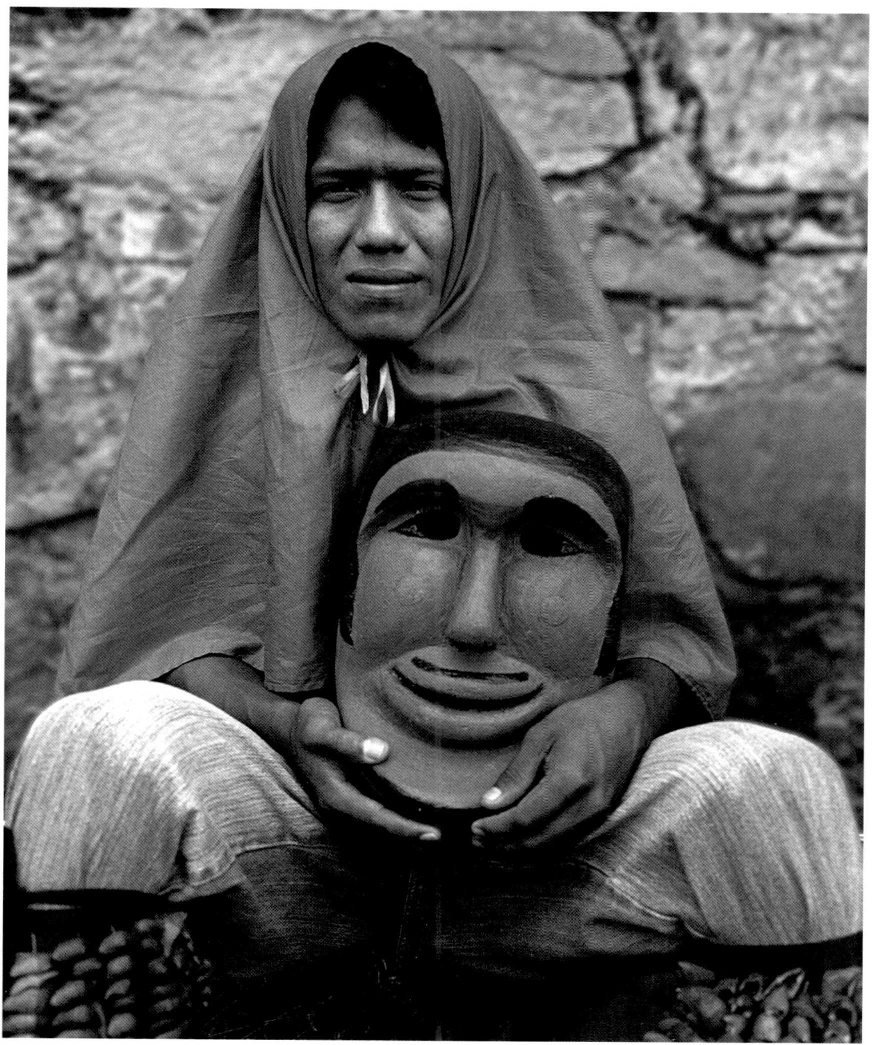

19. Máscara. San José de Chiquitos, Bolivia, 2006

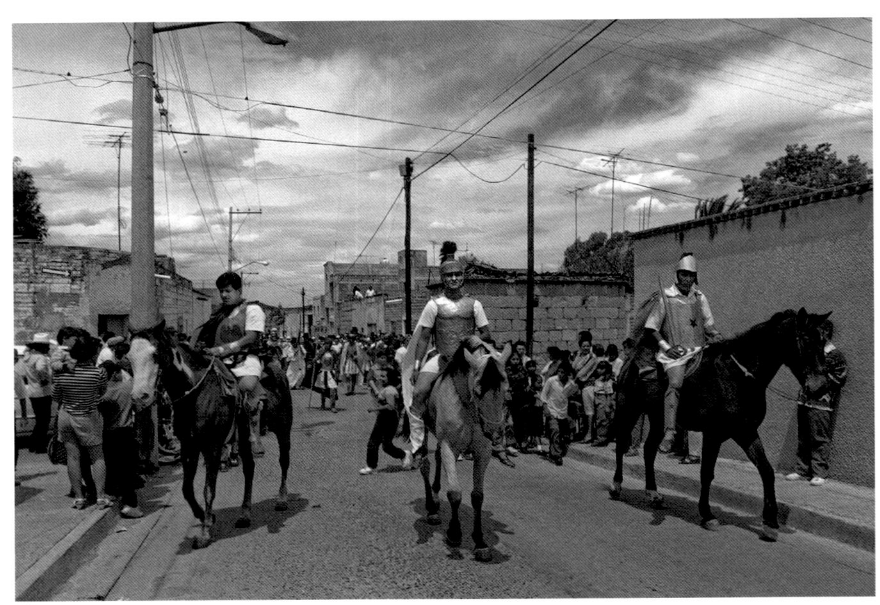

20. Viernes santo. San Miguel de El Alto, México, 1997

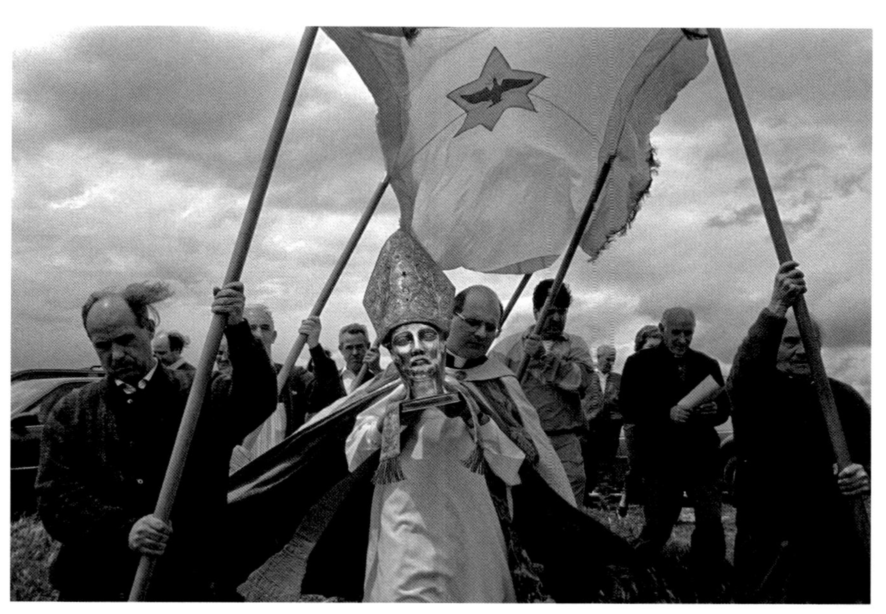

21. San Gregorio Ostiense, Navarra, 1996

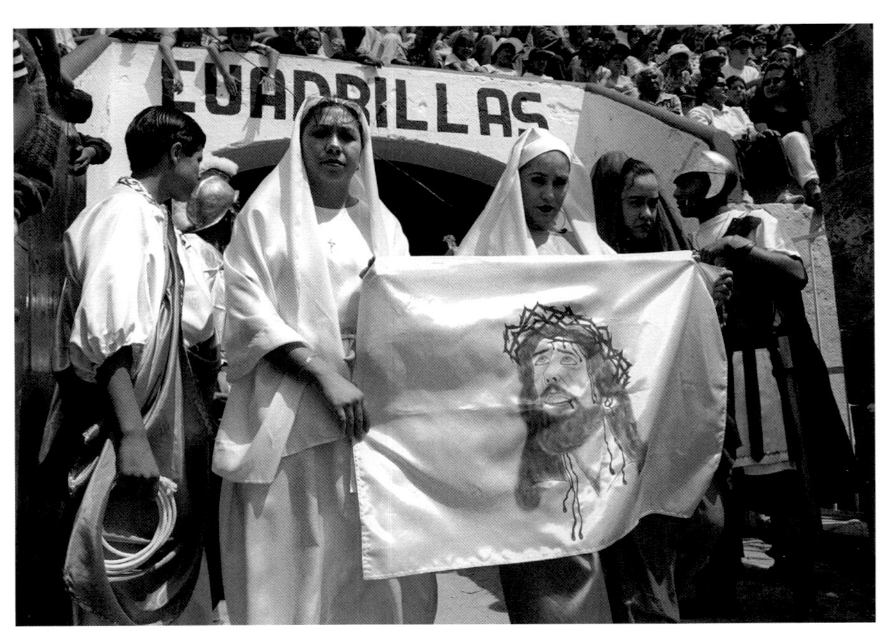

22. Viernes santo. San Miguel de El Alto, México, 1997

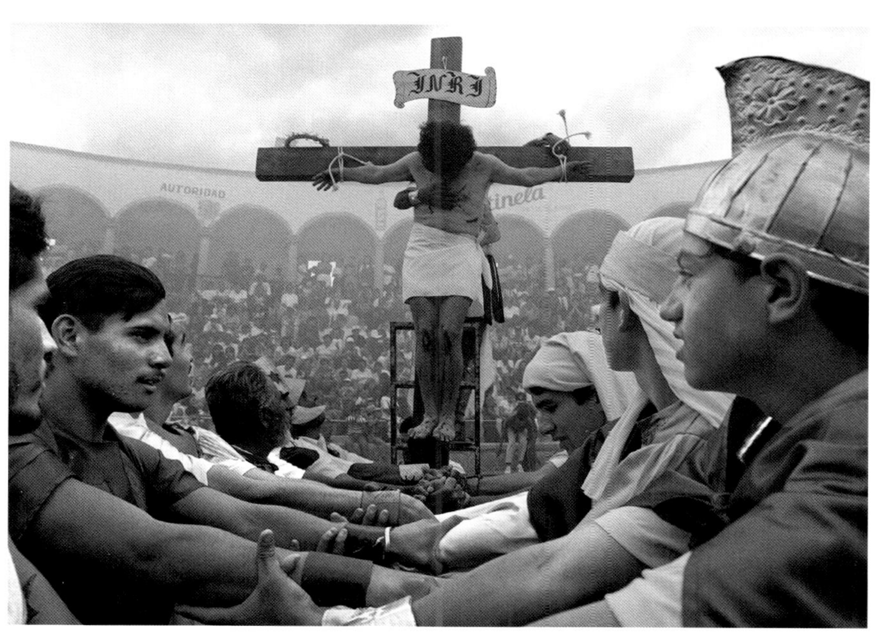

23. Viernes santo. San Miguel de El Alto, México, 1997

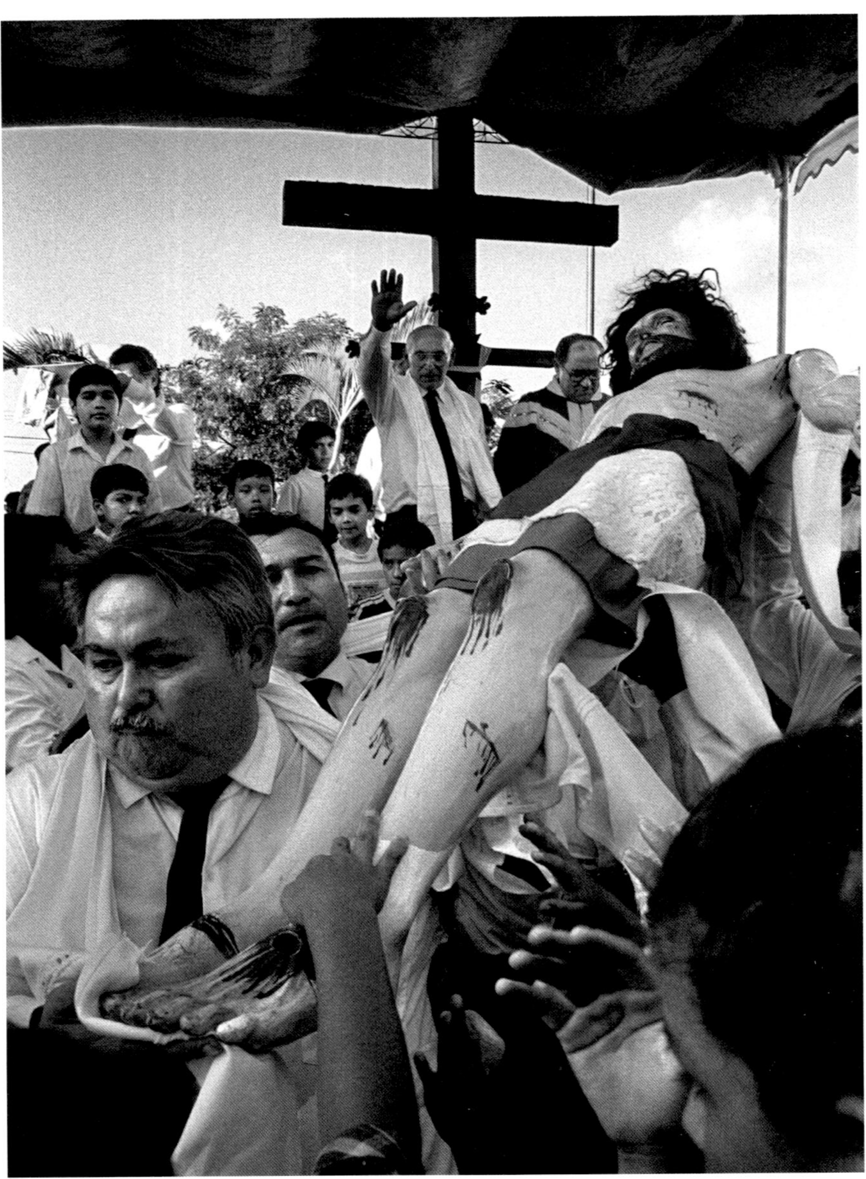

24. Viernes santo. Aregua, Paraguay, 1994

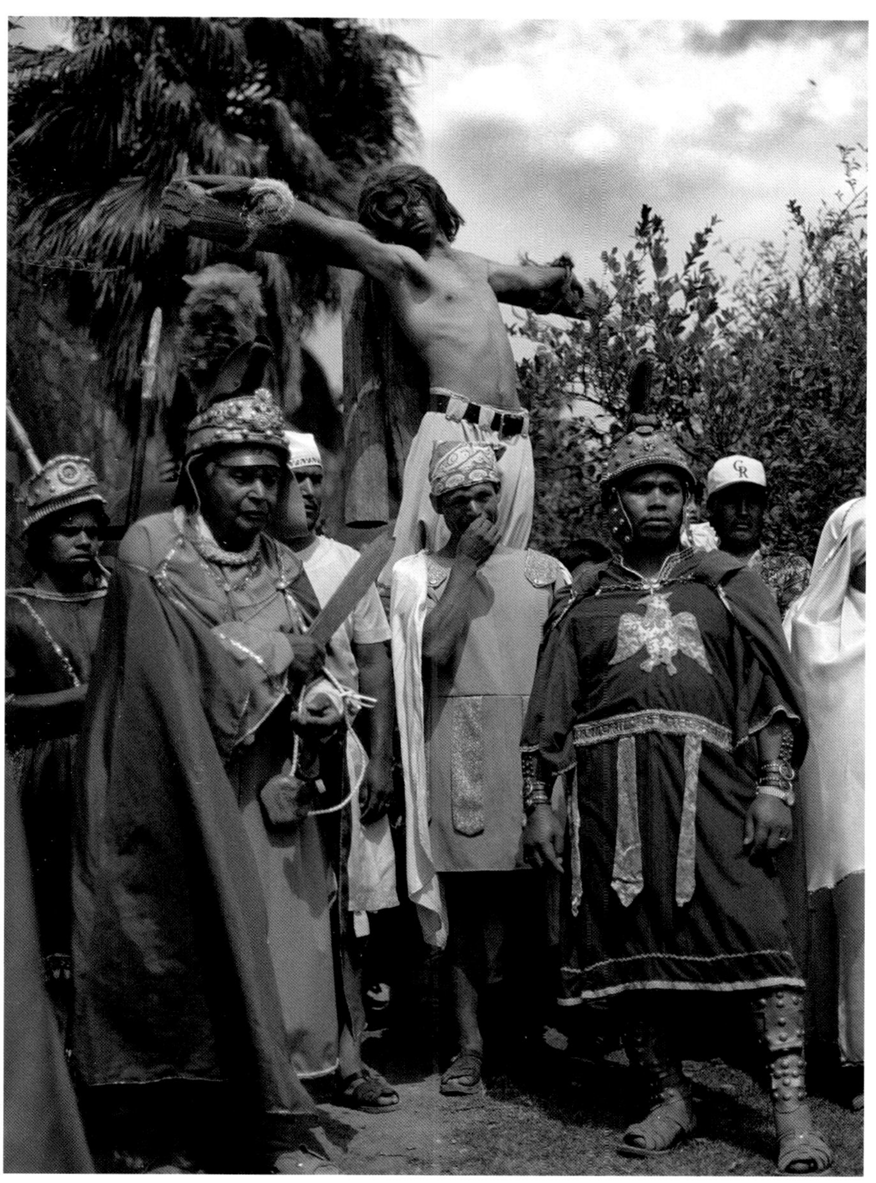

25. Viernes santo. San José de Gracia, México, 1995

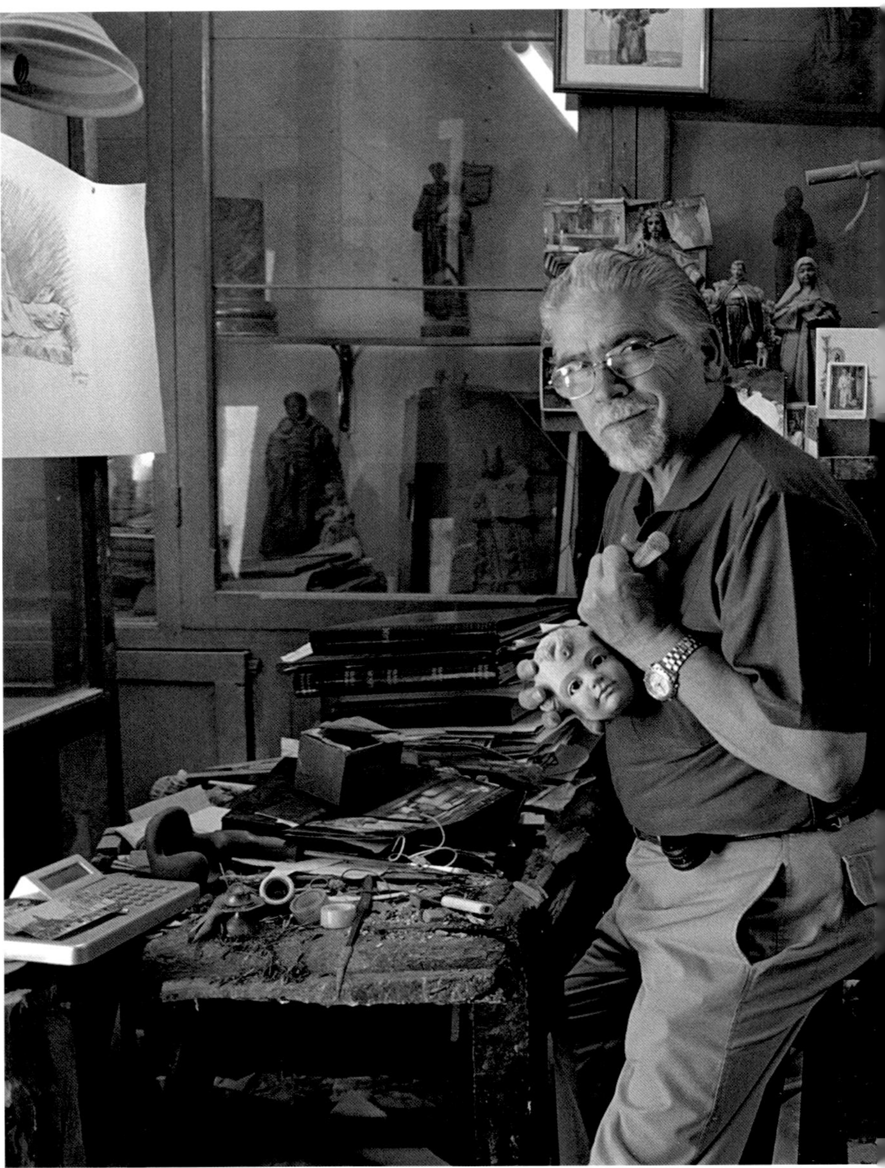

26. Federico Esteve. Valencia, 2002

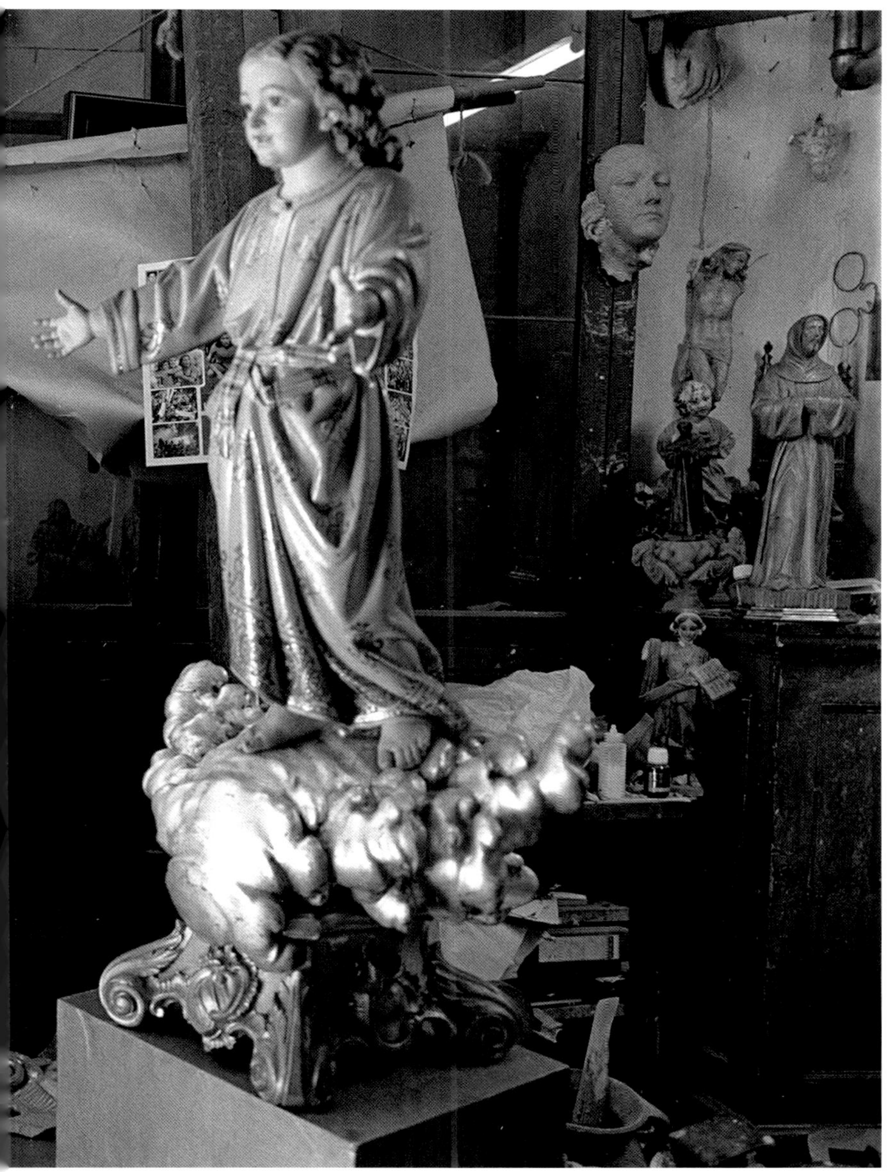

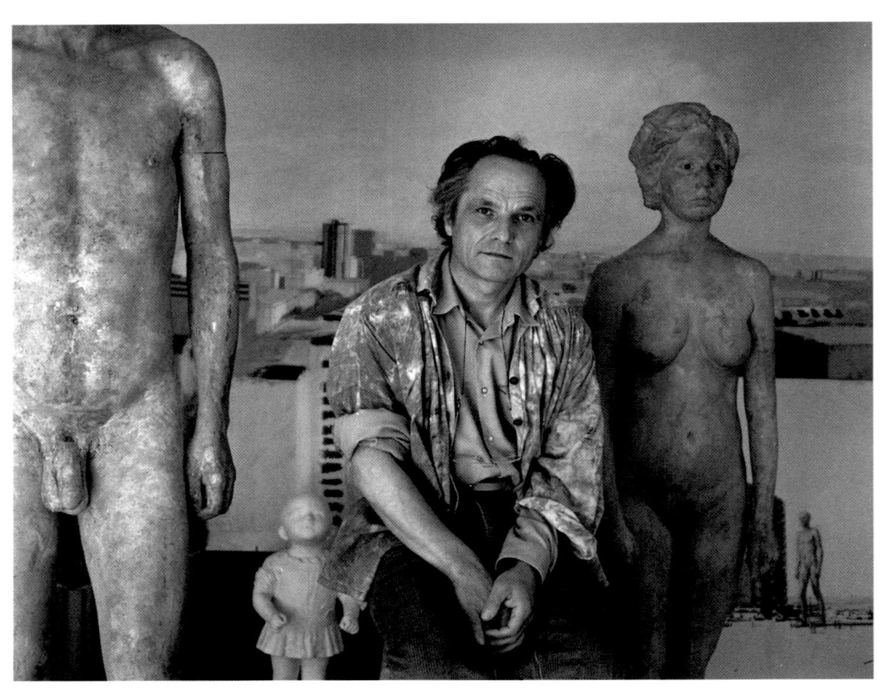

27. Antonio López. Un día en la vida de España. Madrid, 1987

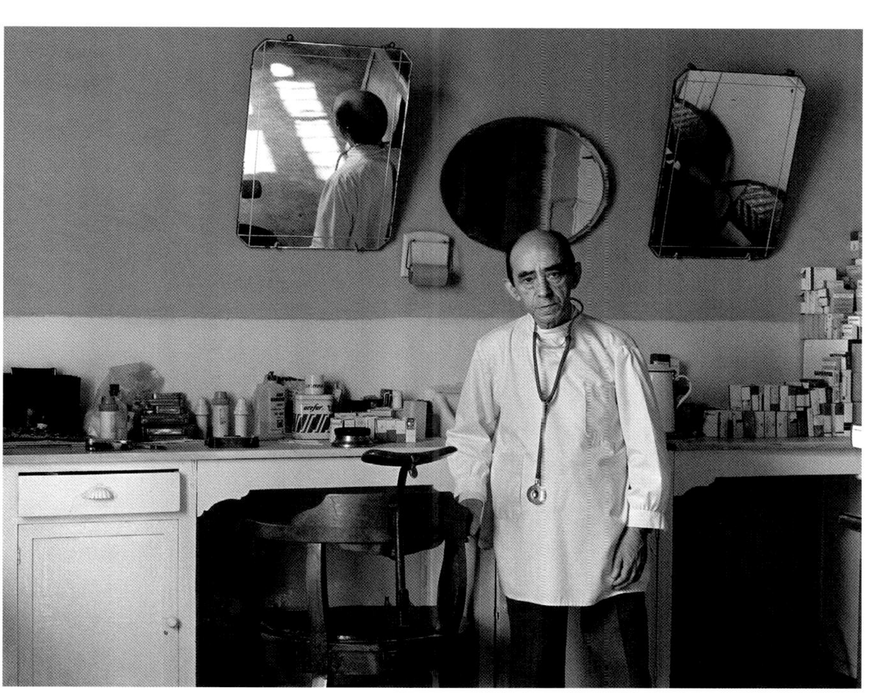

28. Ramón Gastón. Santacara, Navarra

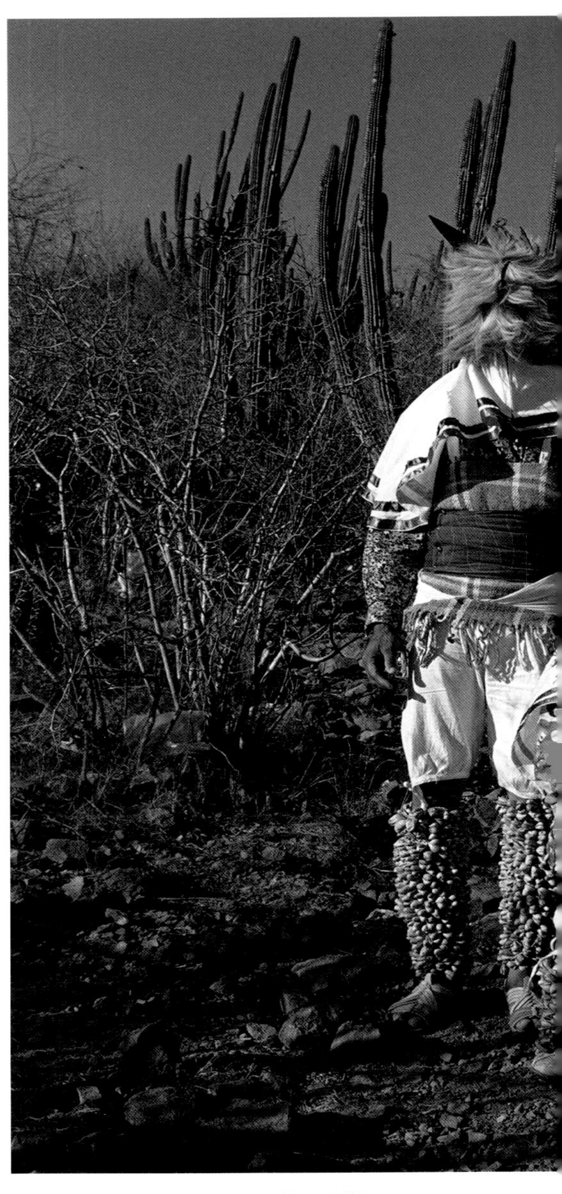

29. Viernes santo. San Miguel Zapotitlán, México, 1998

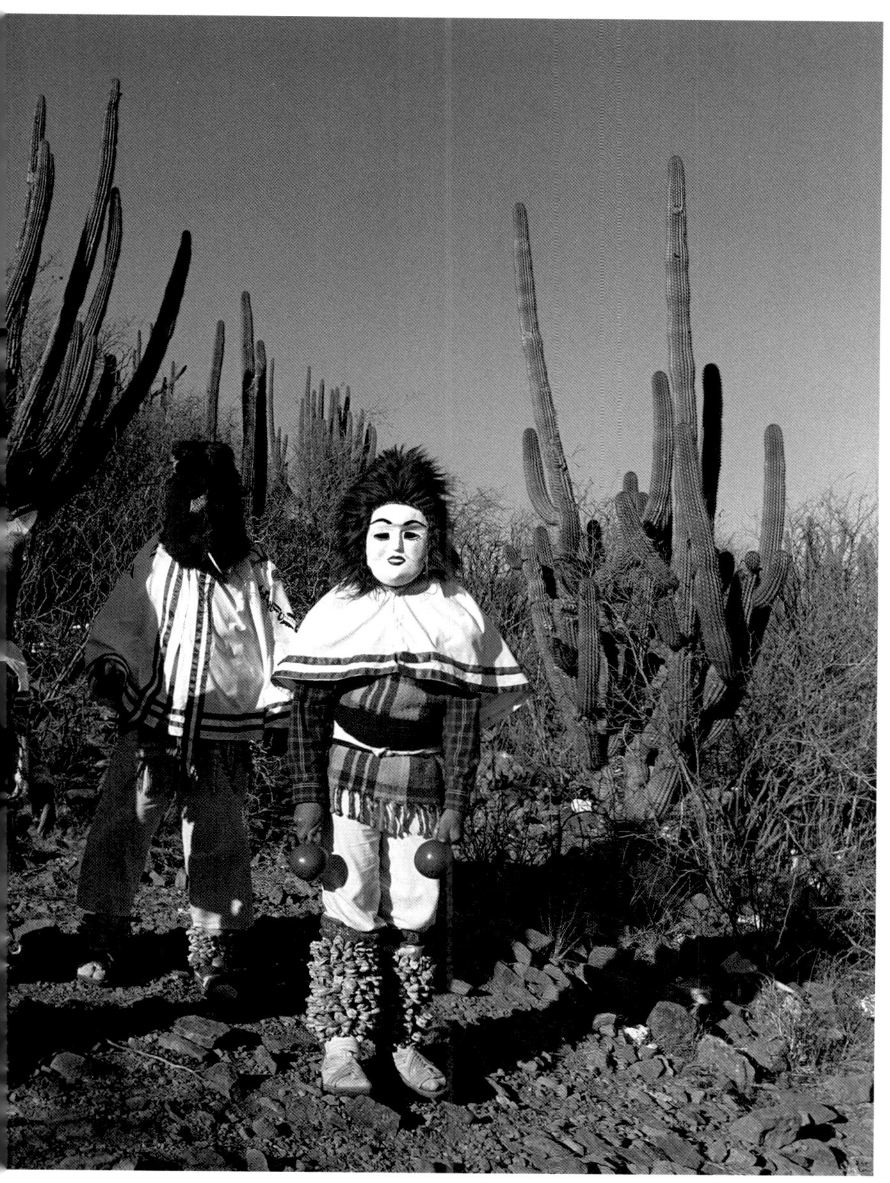

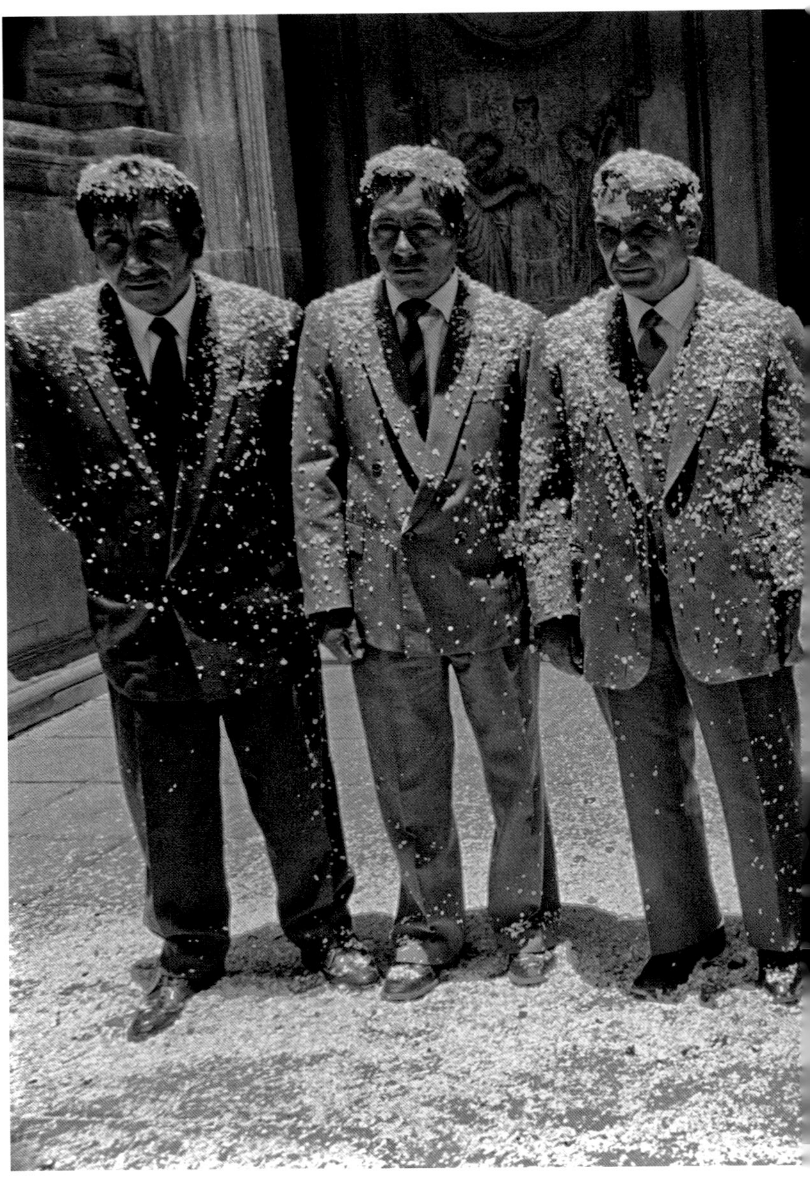

30. Challa. La Paz, 1995

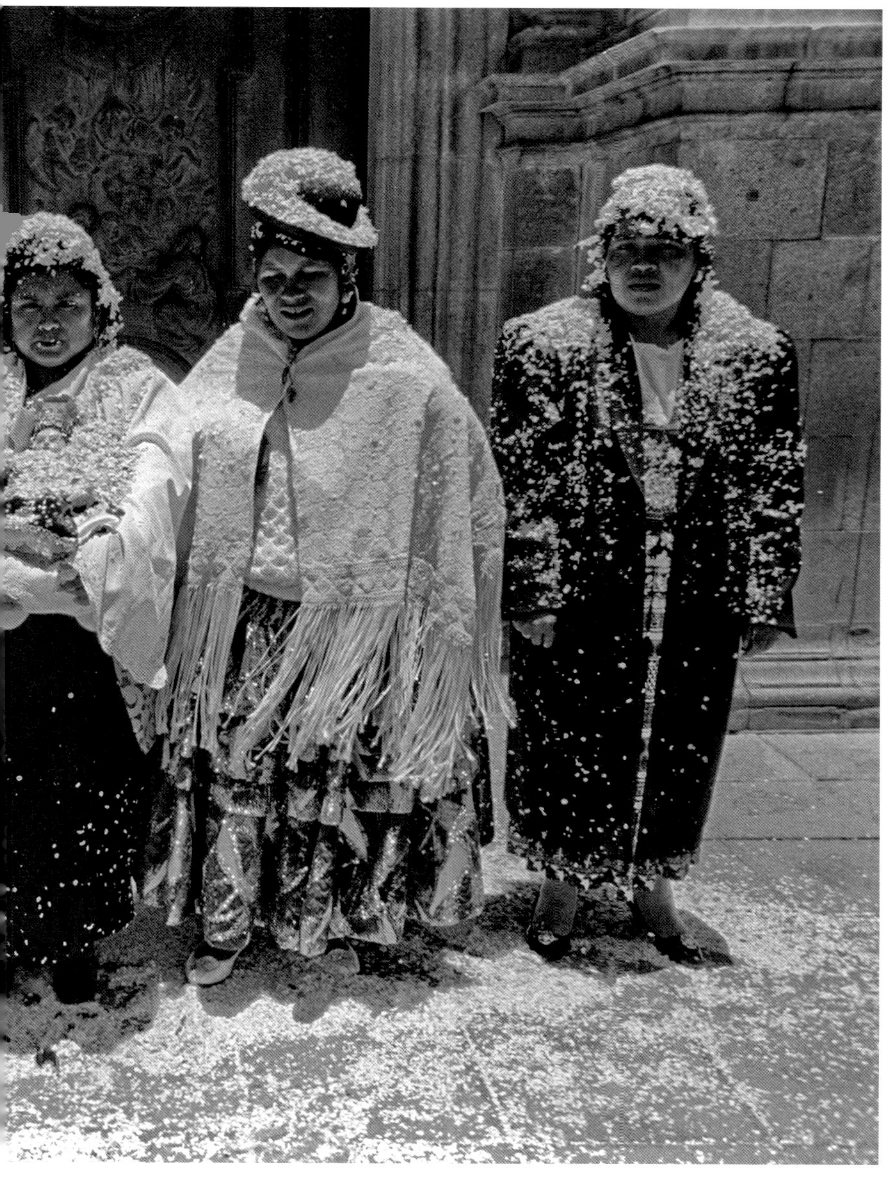

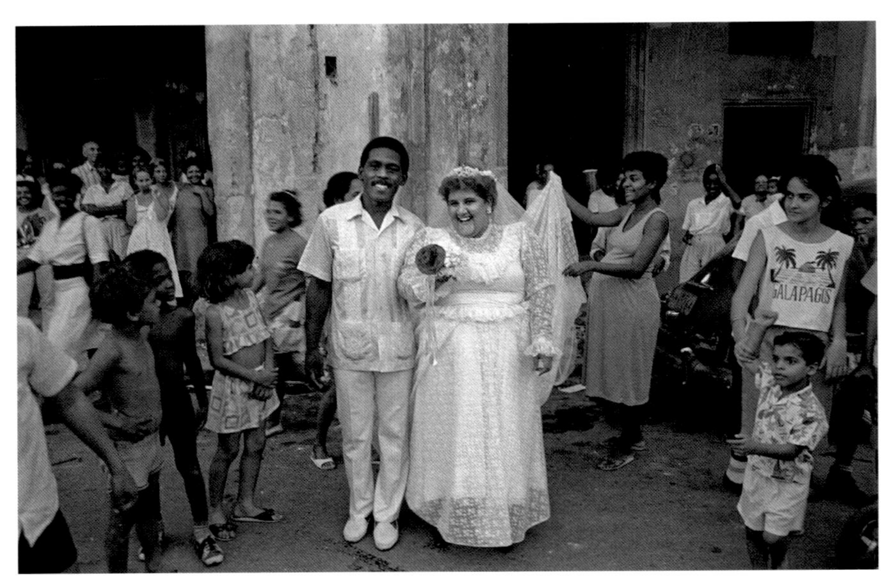

31. La boda. La Habana, 1991

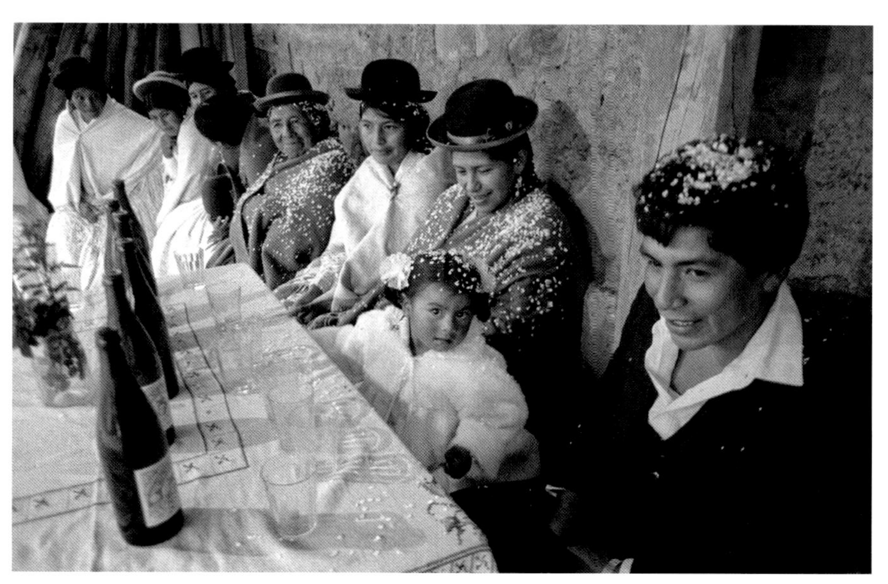

32. Bautizo. La Paz, 1990

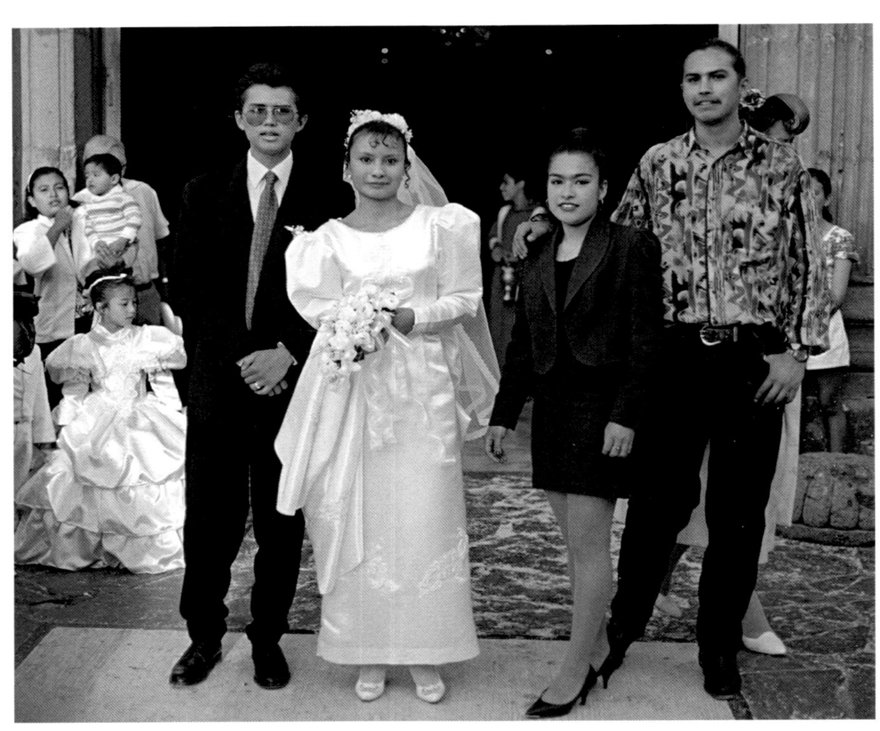

33. Boda. Guadalajara, México, 1995

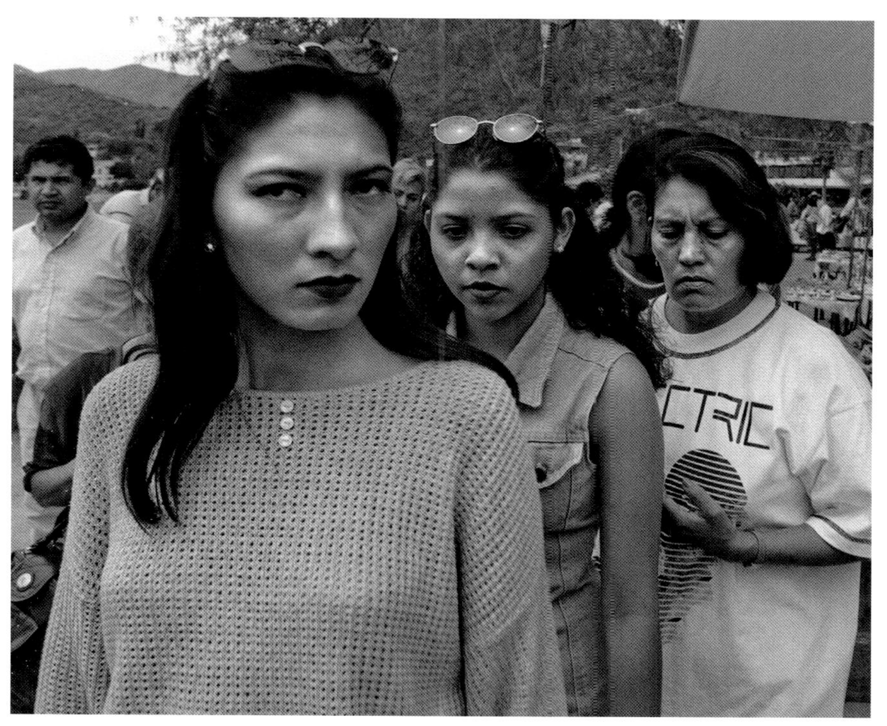

34. Chapala. México, 1996

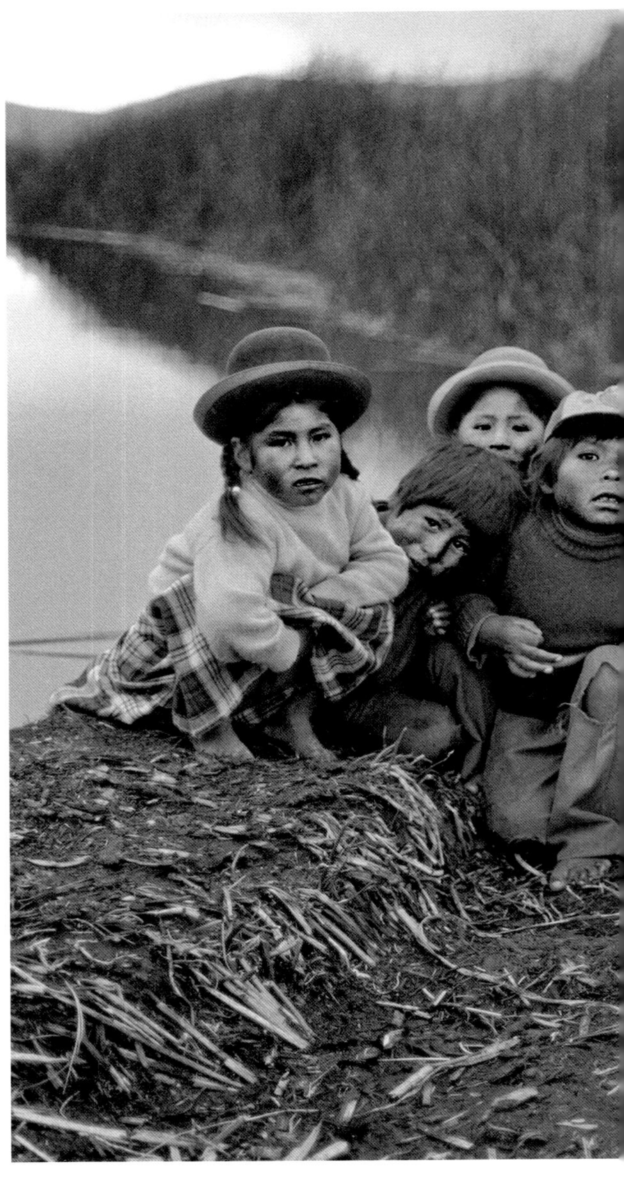

35. Niños uros. Lago Titicaca, Perú, 1985

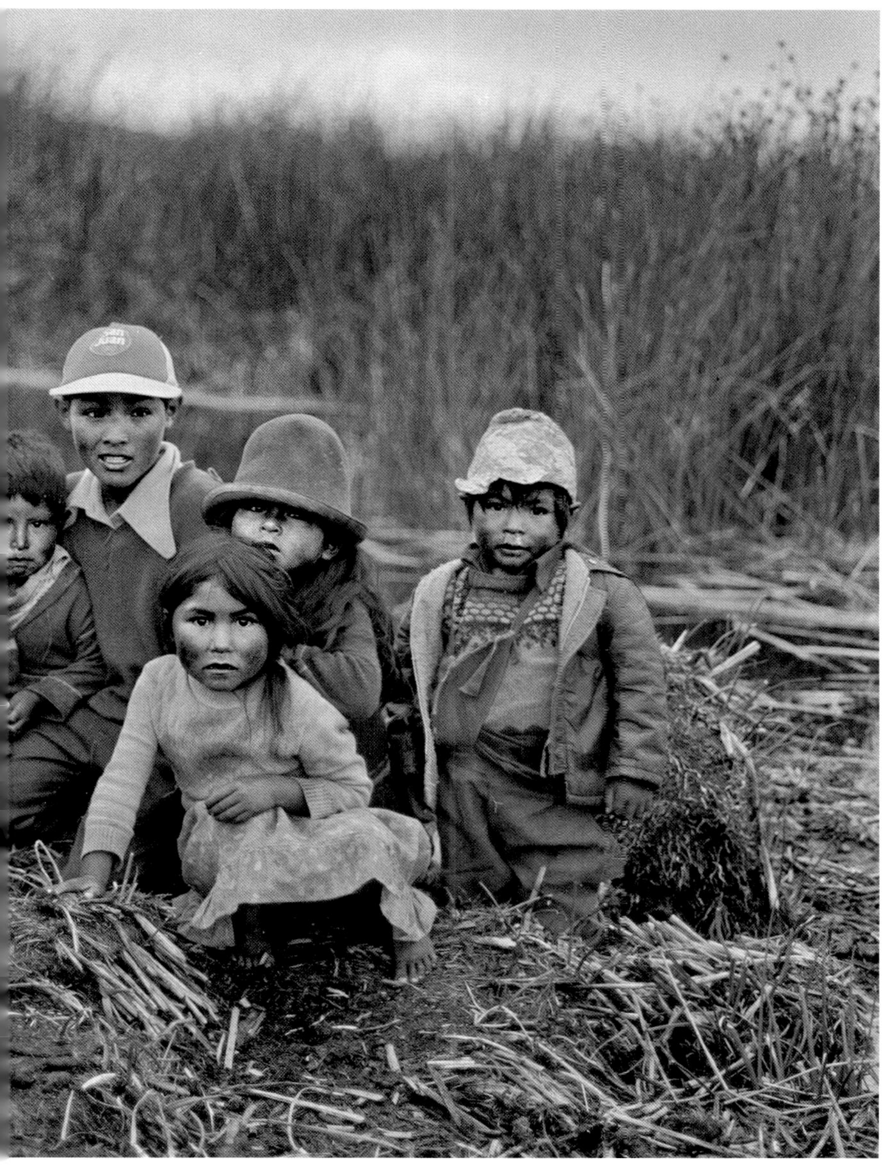

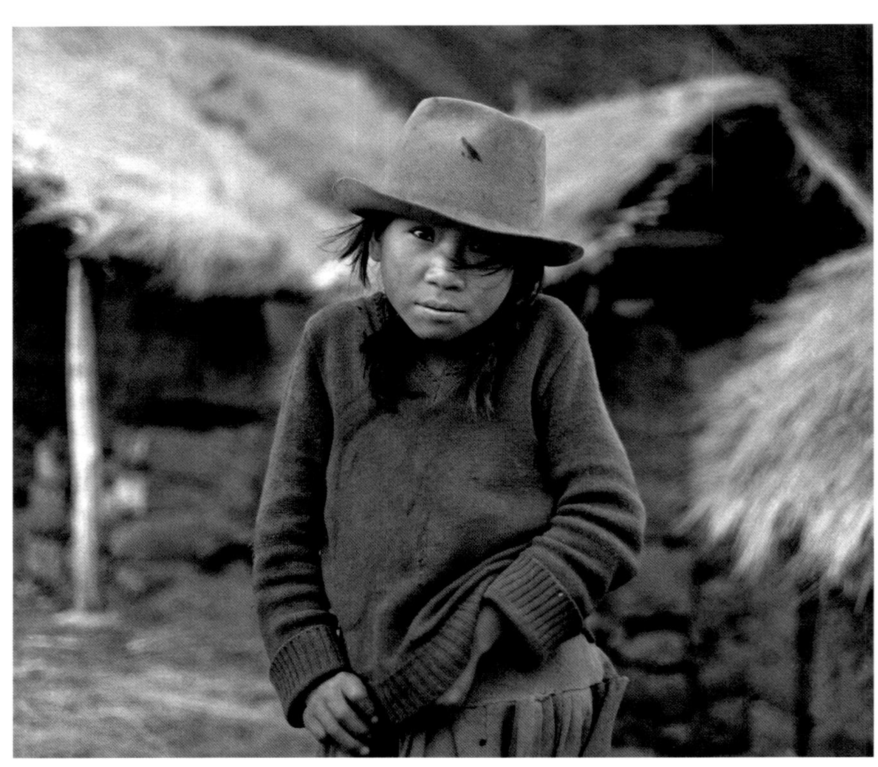

36. Niña aymara. Pisac, Perú, 1985

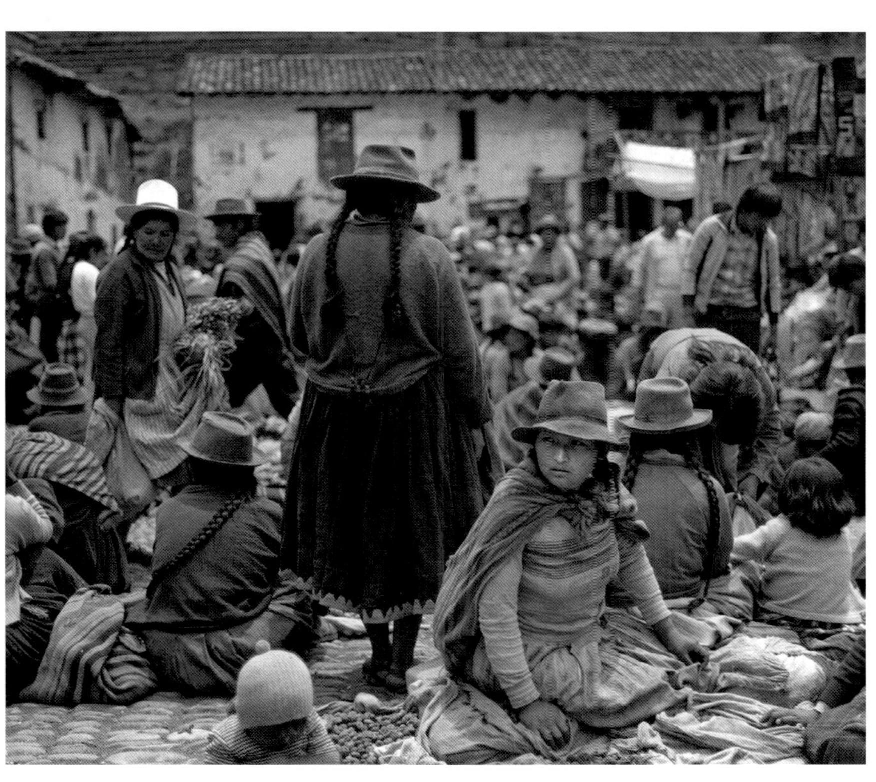

37. Mercado. Pisac, Perú, 1985

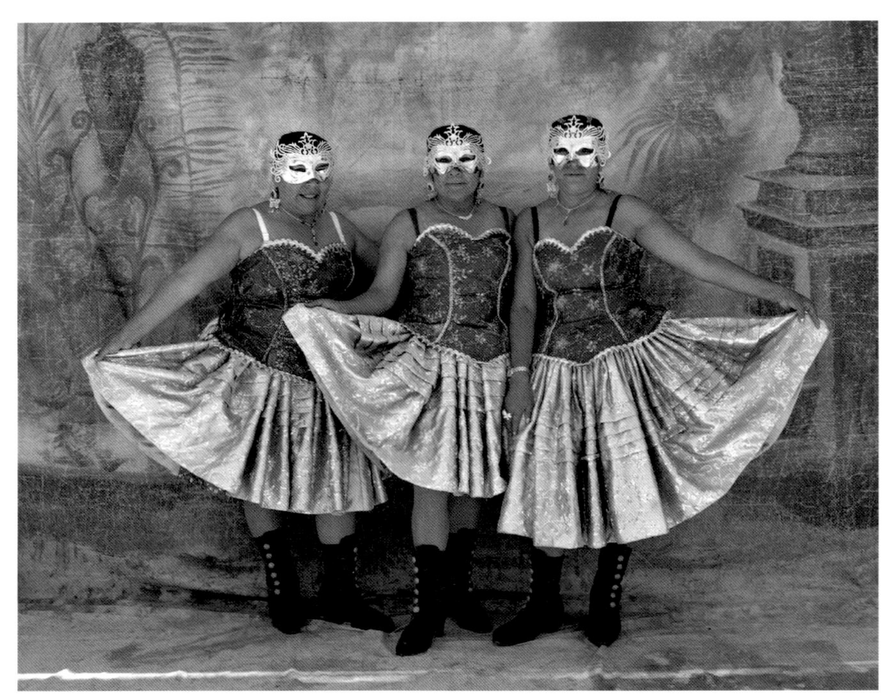

38. Trajes de luces. Fiesta de la Candelaria. Puno, Perú, 2014

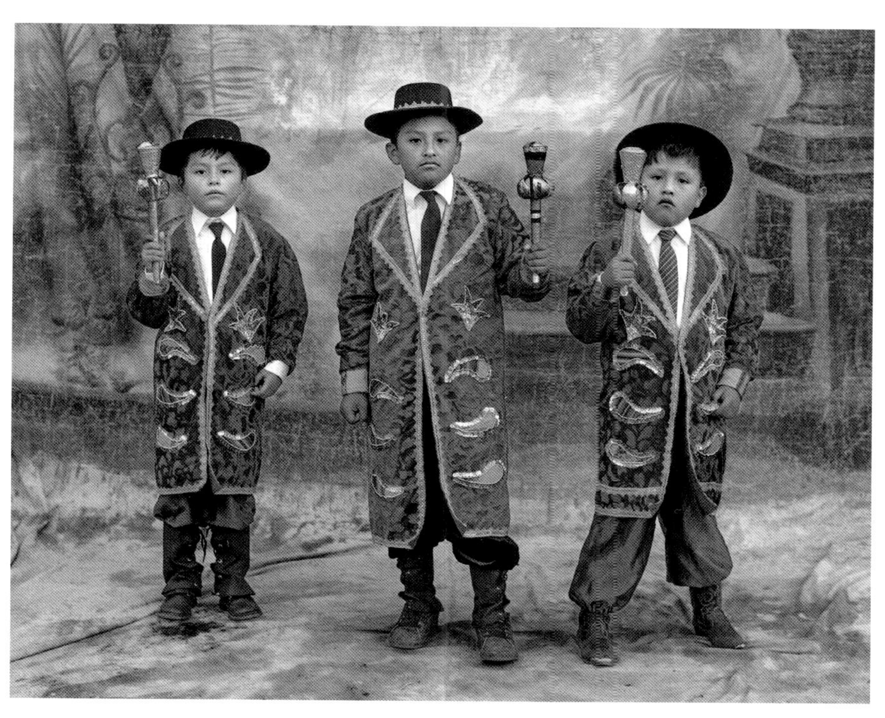

39. Trajes de luces. Fiesta de la Candelaria. Puno, Perú, 2014

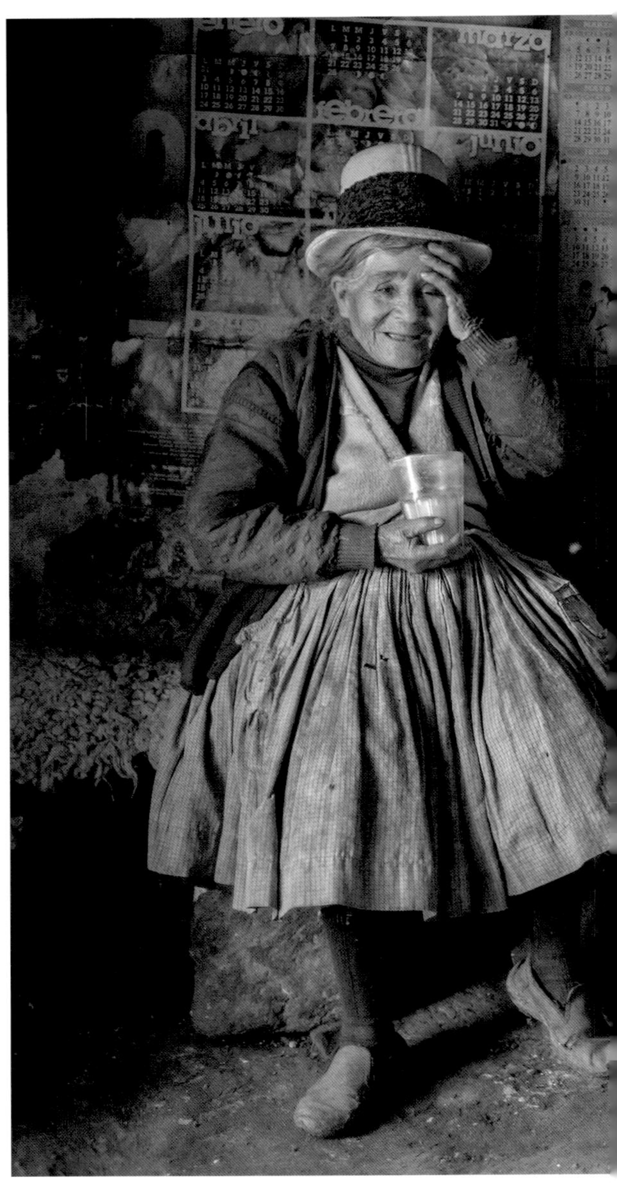

40. Chichería. Maras, Perú, 2014

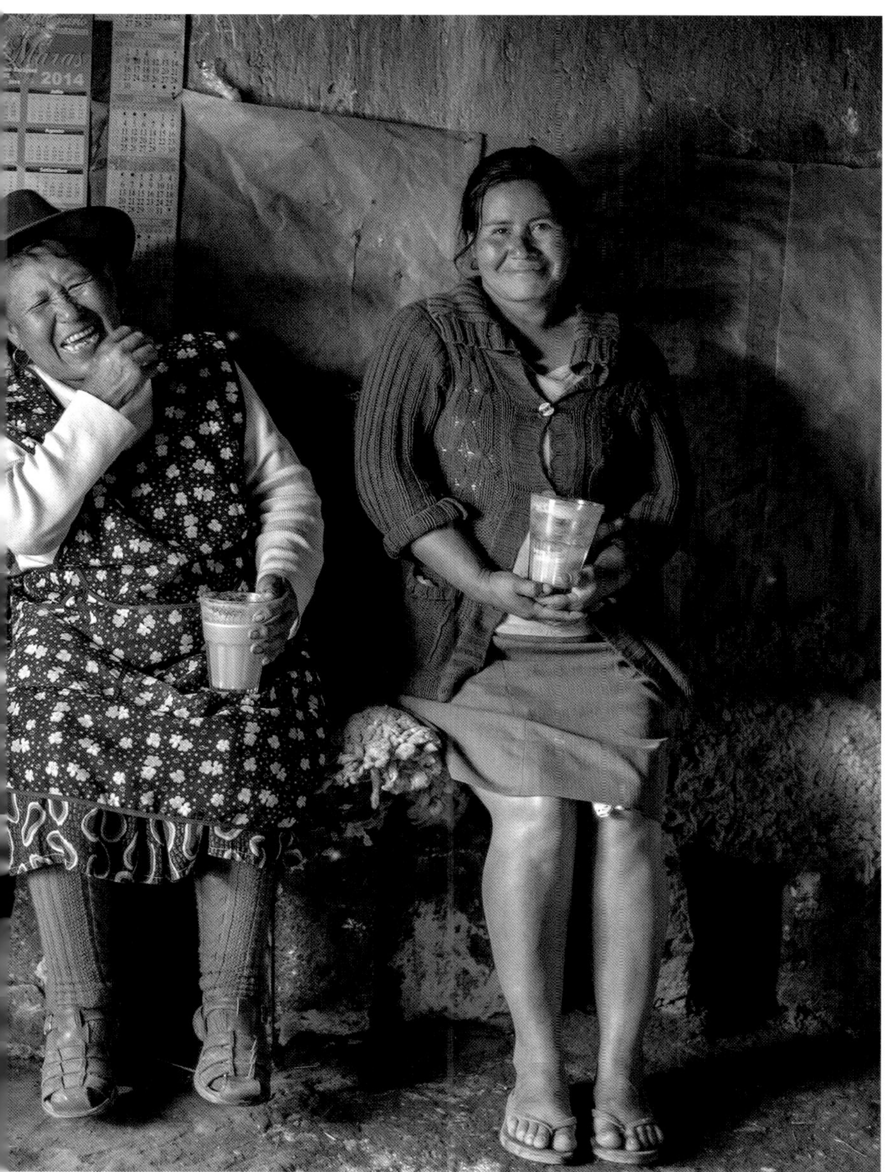

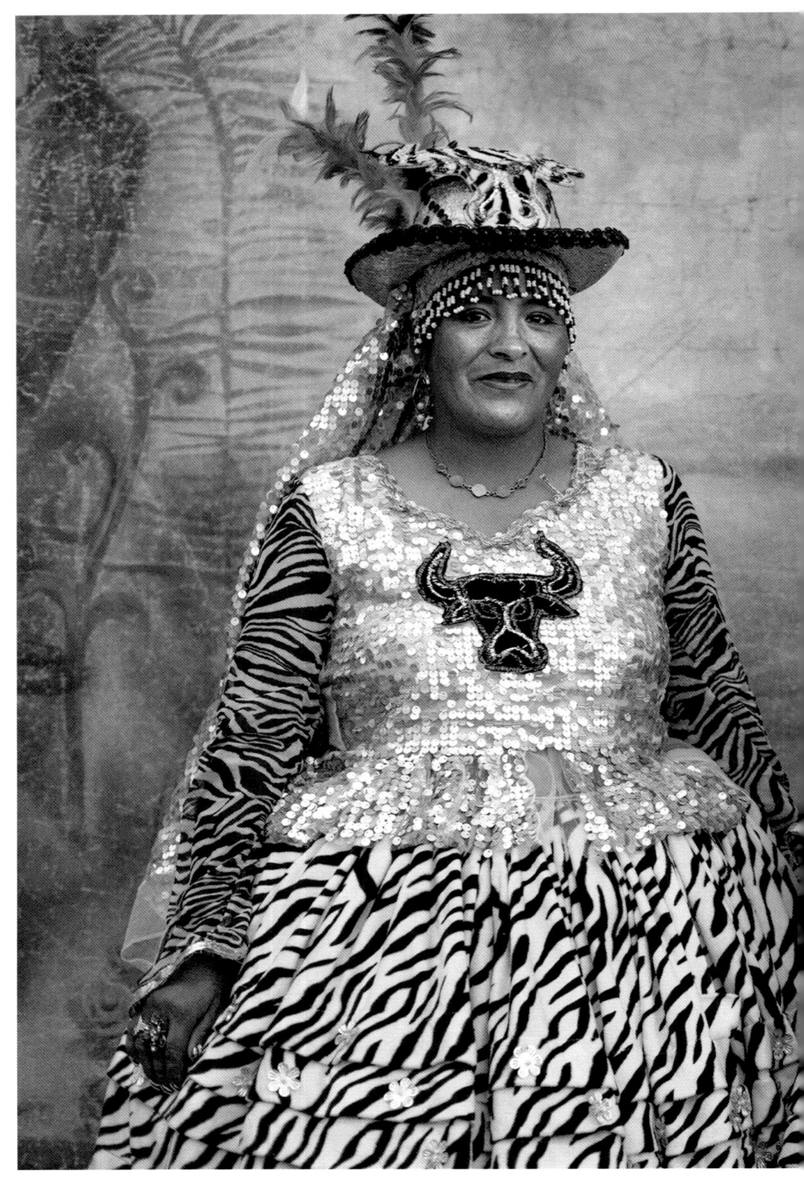

41. Trajes de luces. Fiesta de la Candelaria. Puno, Perú, 2014

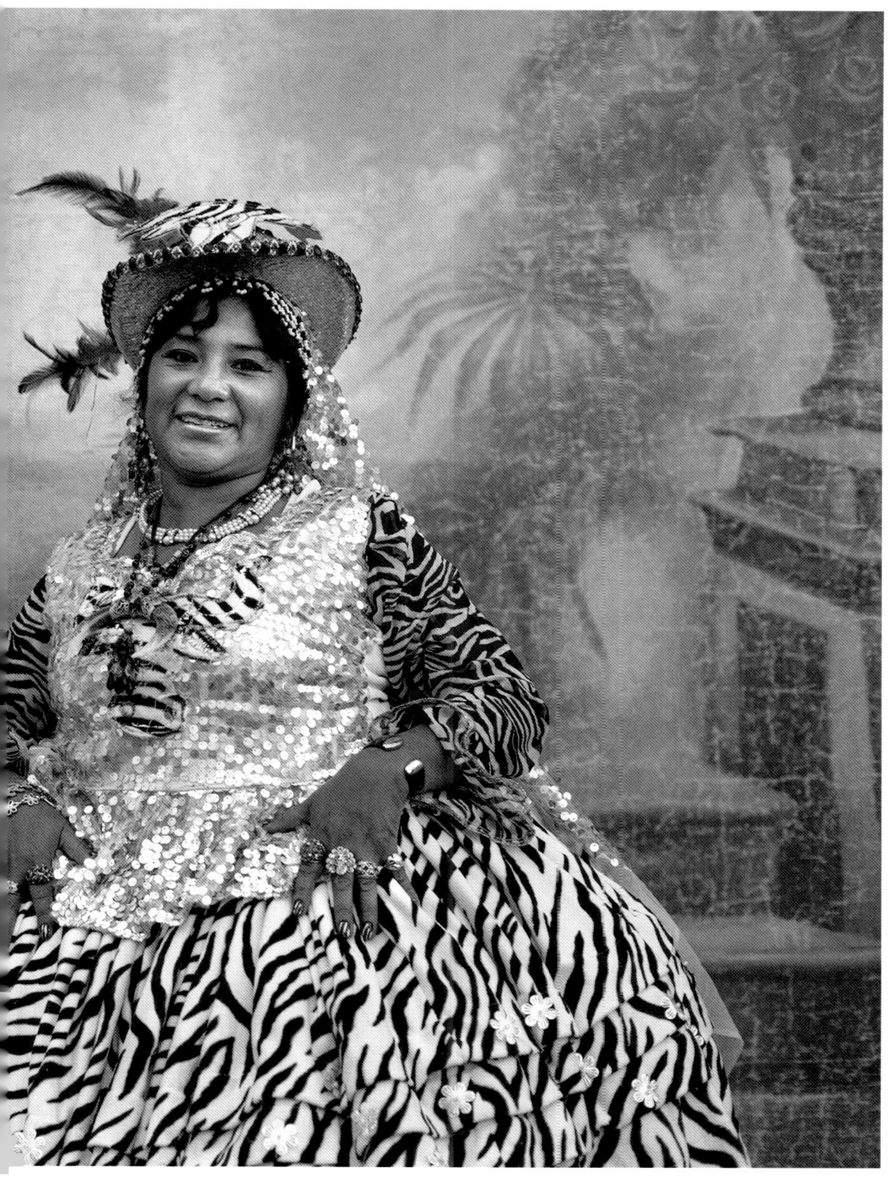

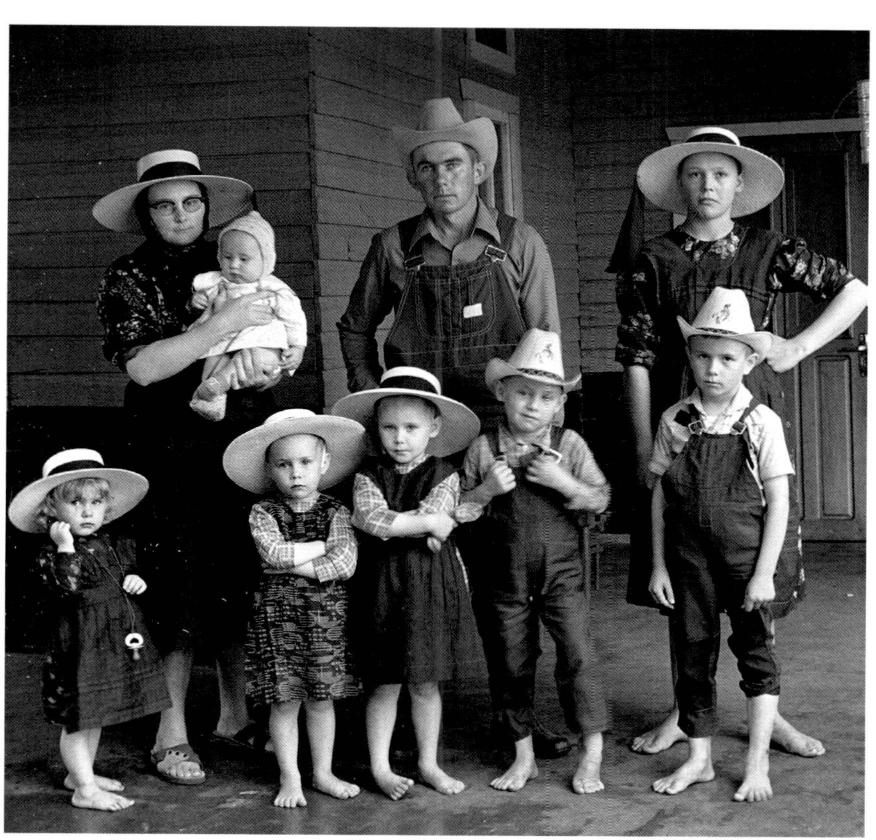

42. Familia menonita Jacob Wall. Nueva Durango, Paraguay, 1988

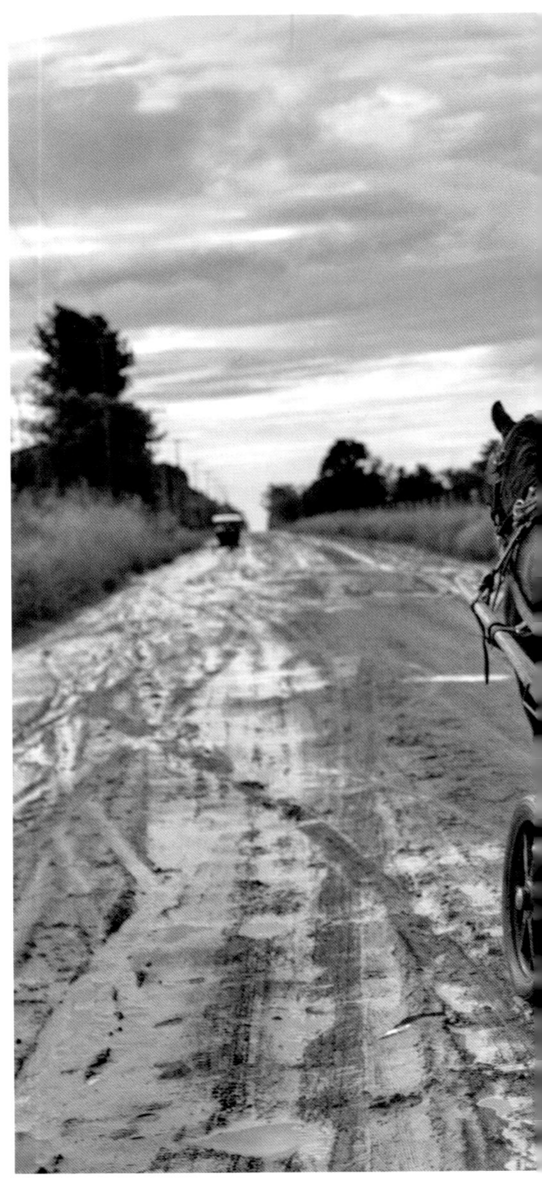

43. Carreta. Nueva Durango, Paraguay, 2011

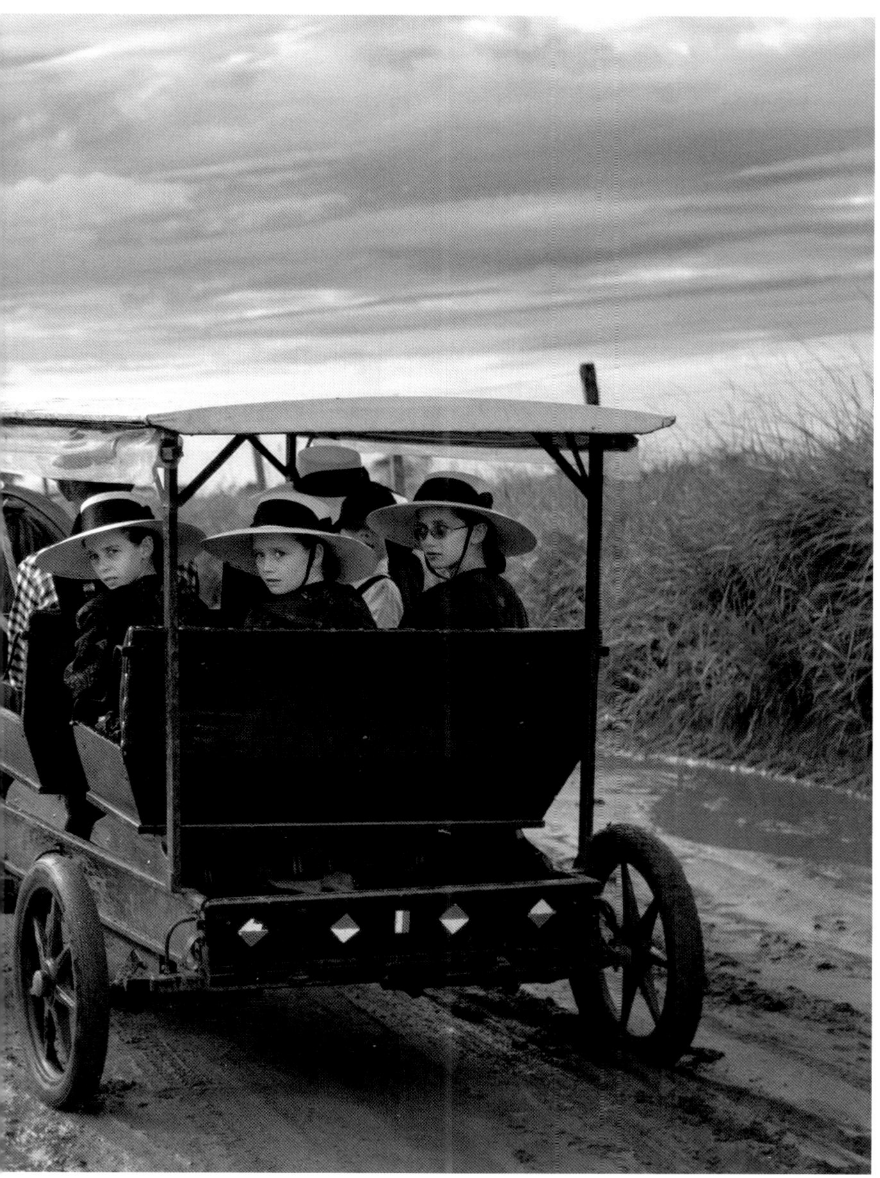

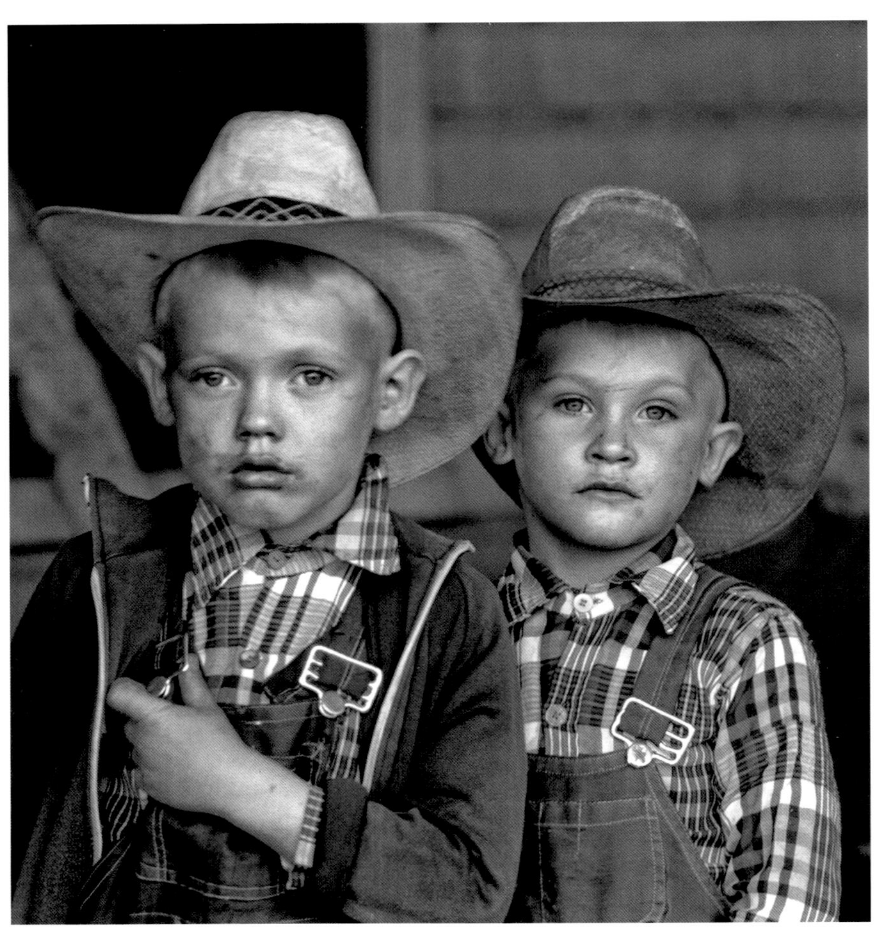

44. Niños. Nueva Durango, Paraguay, 1988

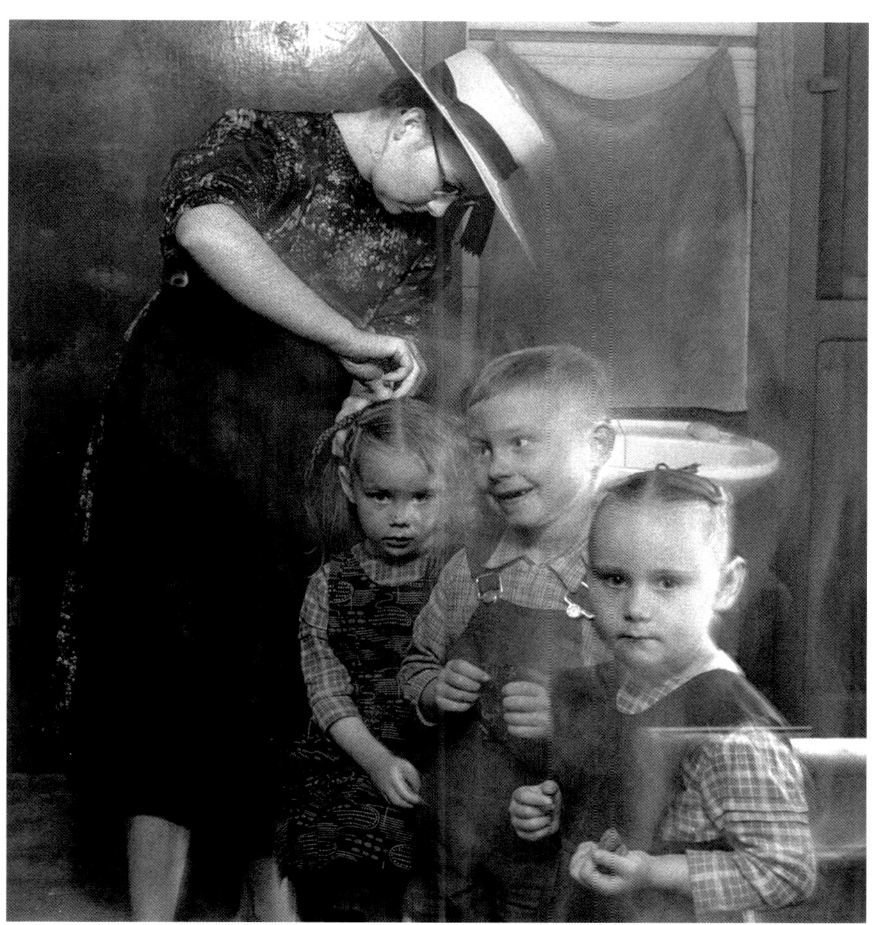

45. Peinado. Nueva Durango, Paraguay, 1988

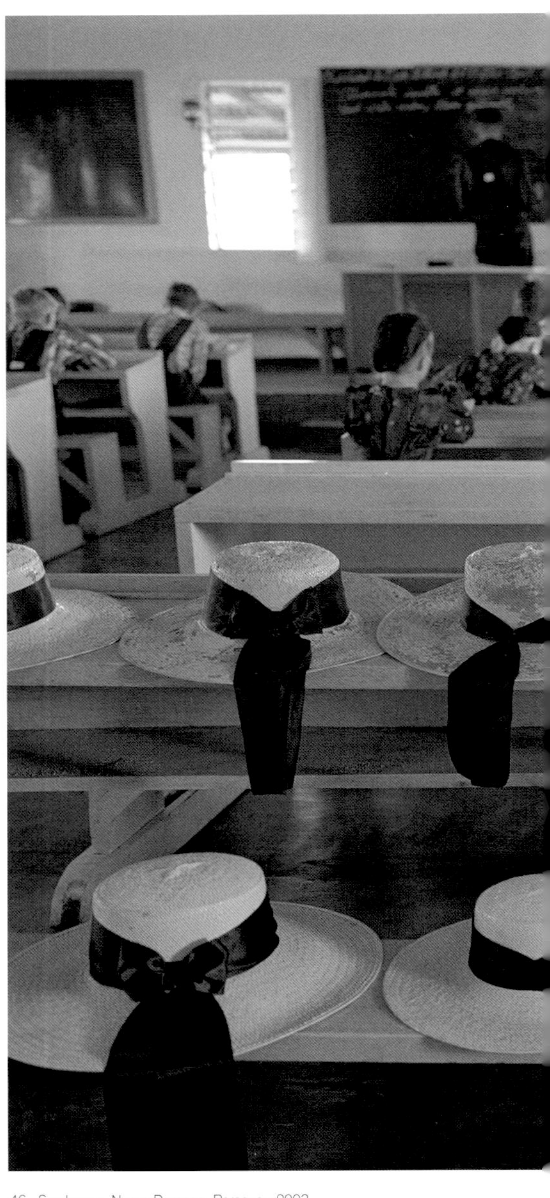

46. Sombreros. Nueva Durango, Paraguay, 2003

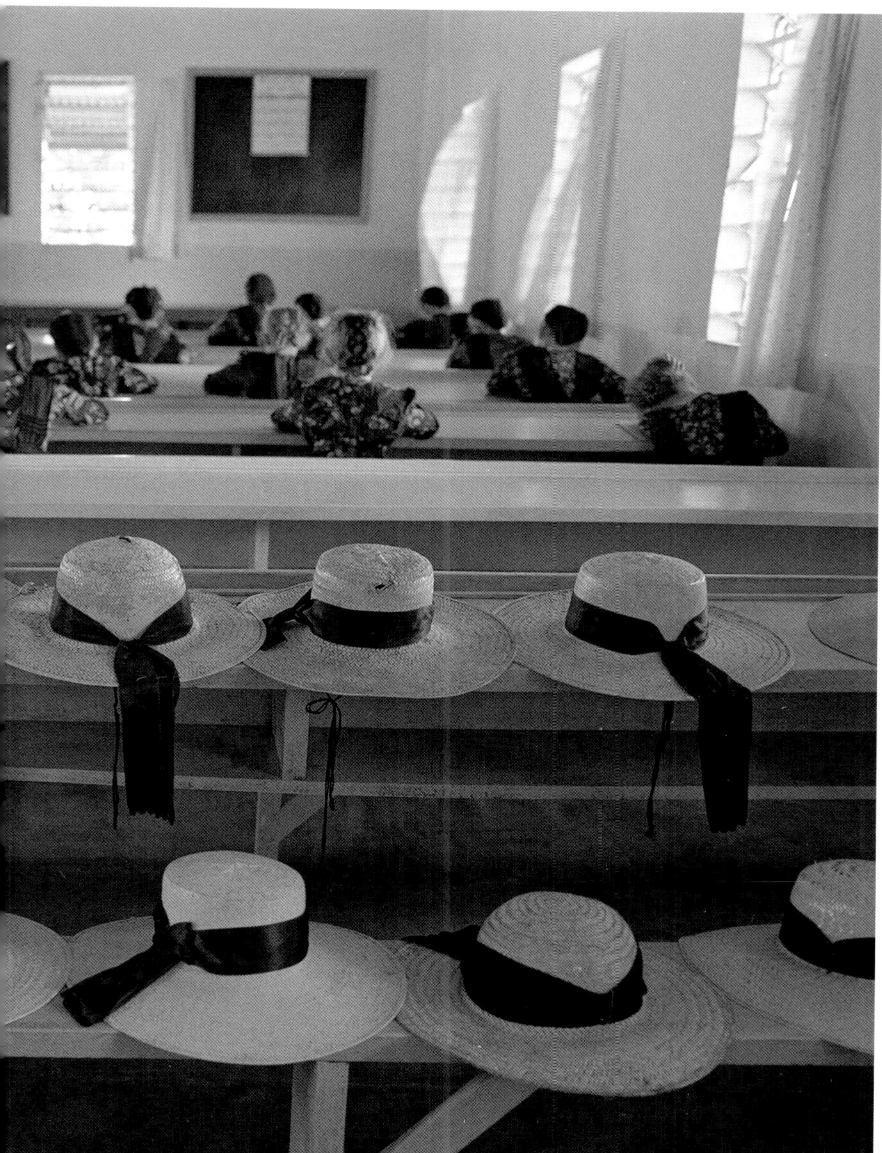

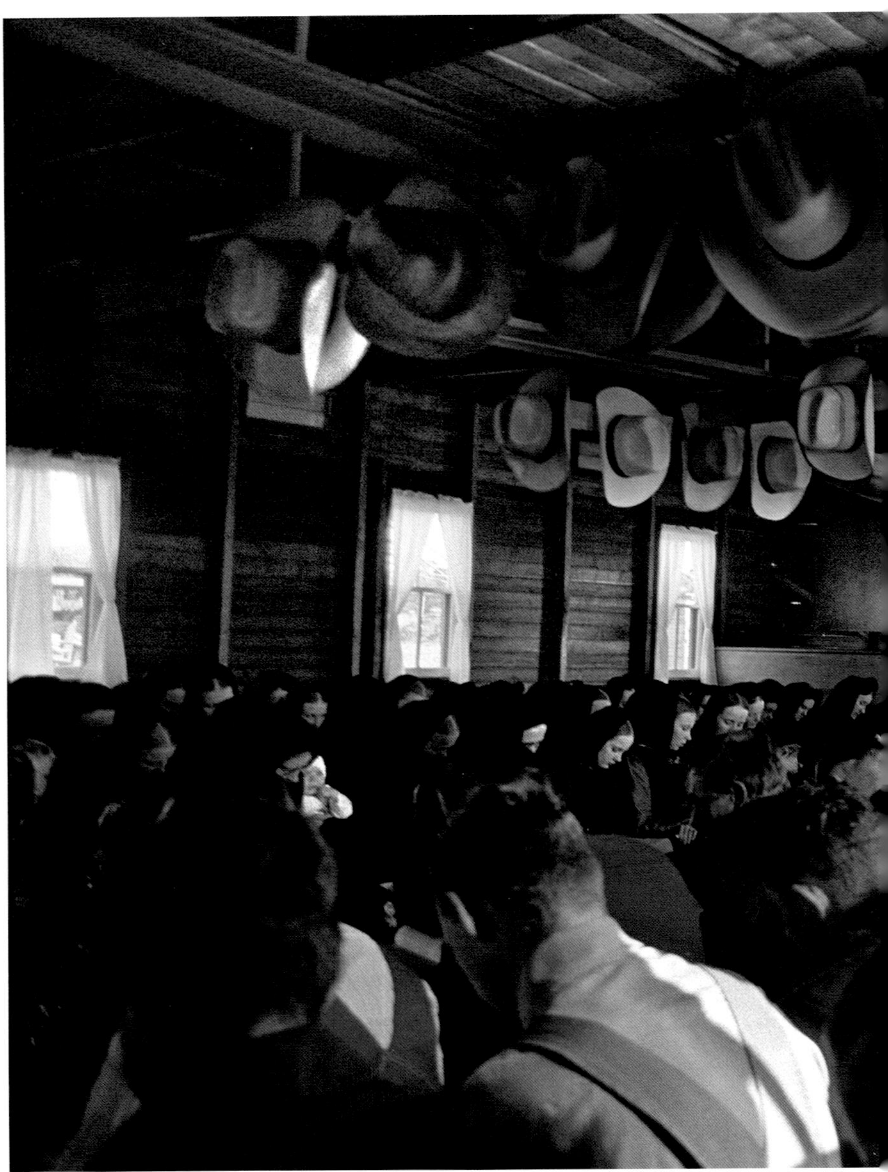

47. Iglesia. Nueva Durango, Paraguay, 1988

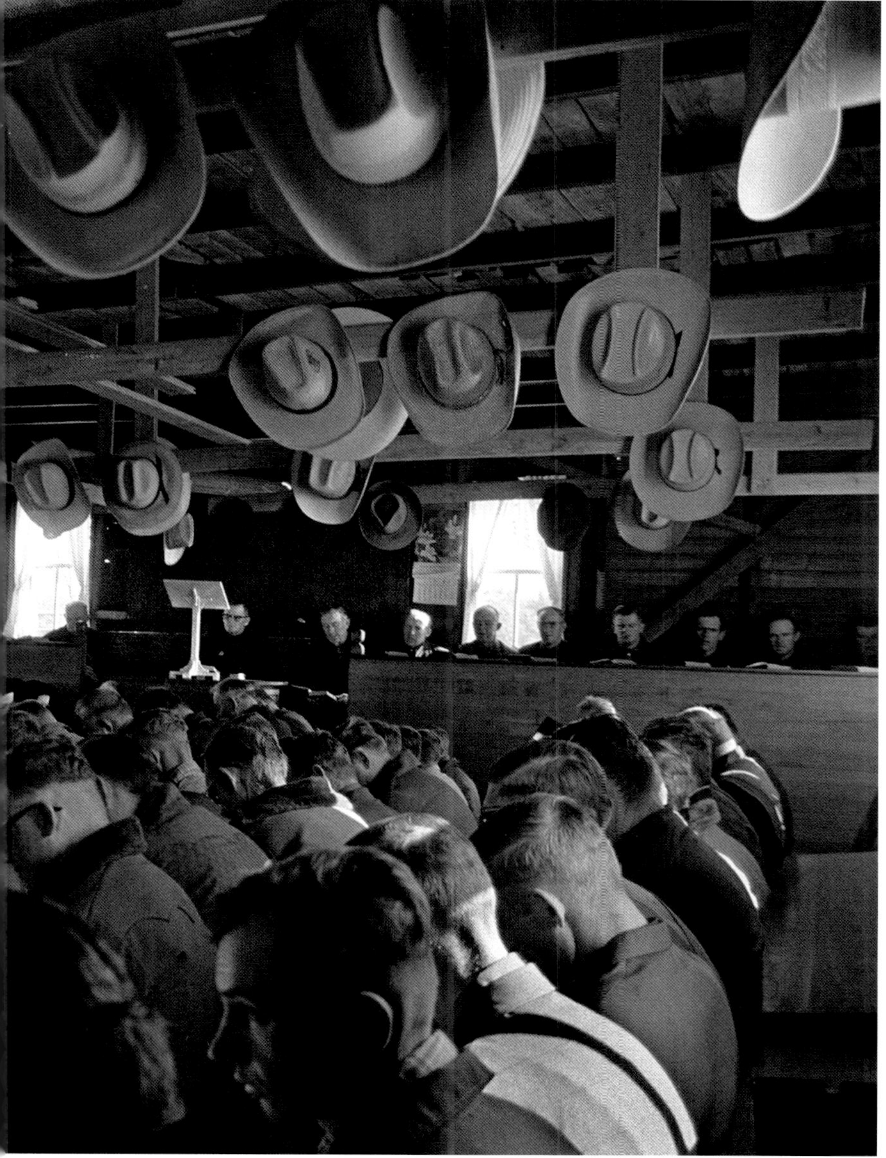

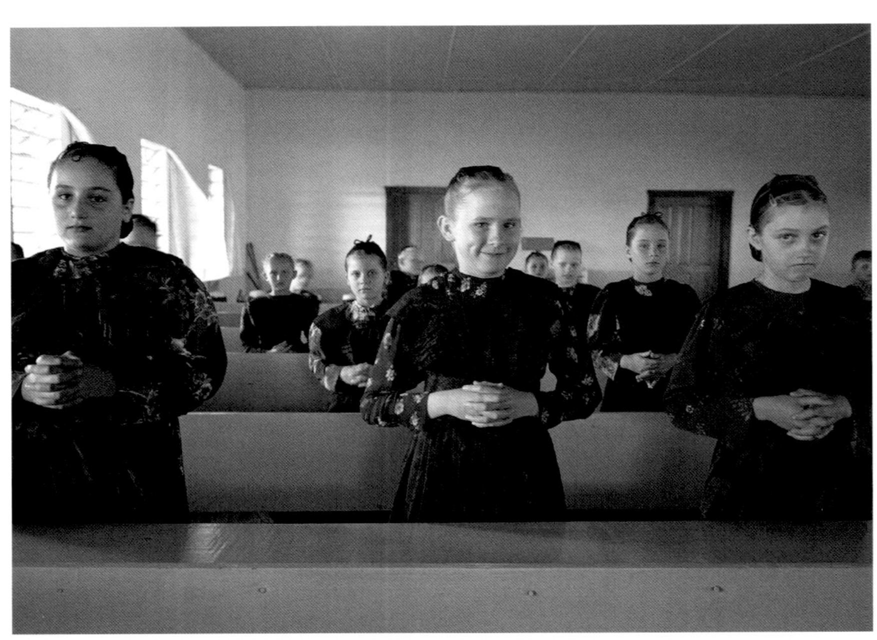

48. Escuela. Nueva Durango, Paraguay, 2003

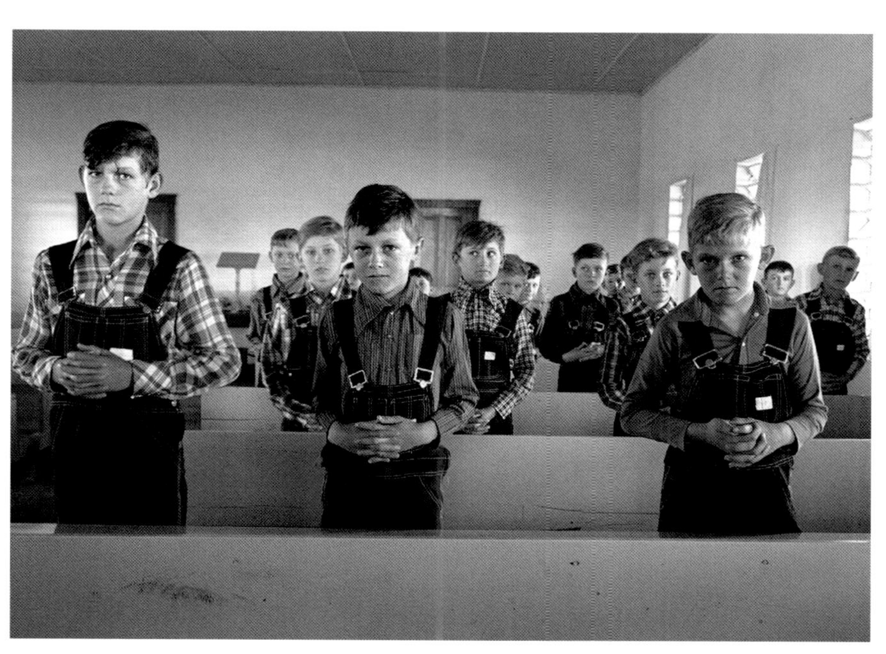

49. Escuela. Nueva Durango, Paraguay, 2003

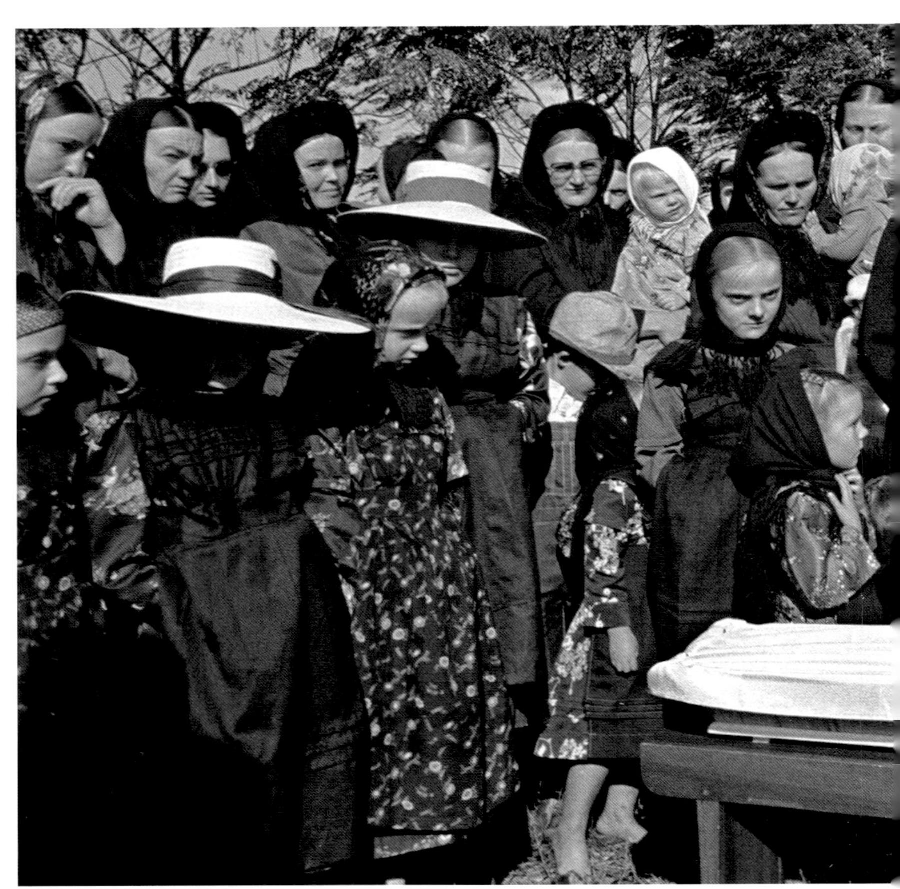

50. Funeral. Nueva Durango, Paraguay, 1988

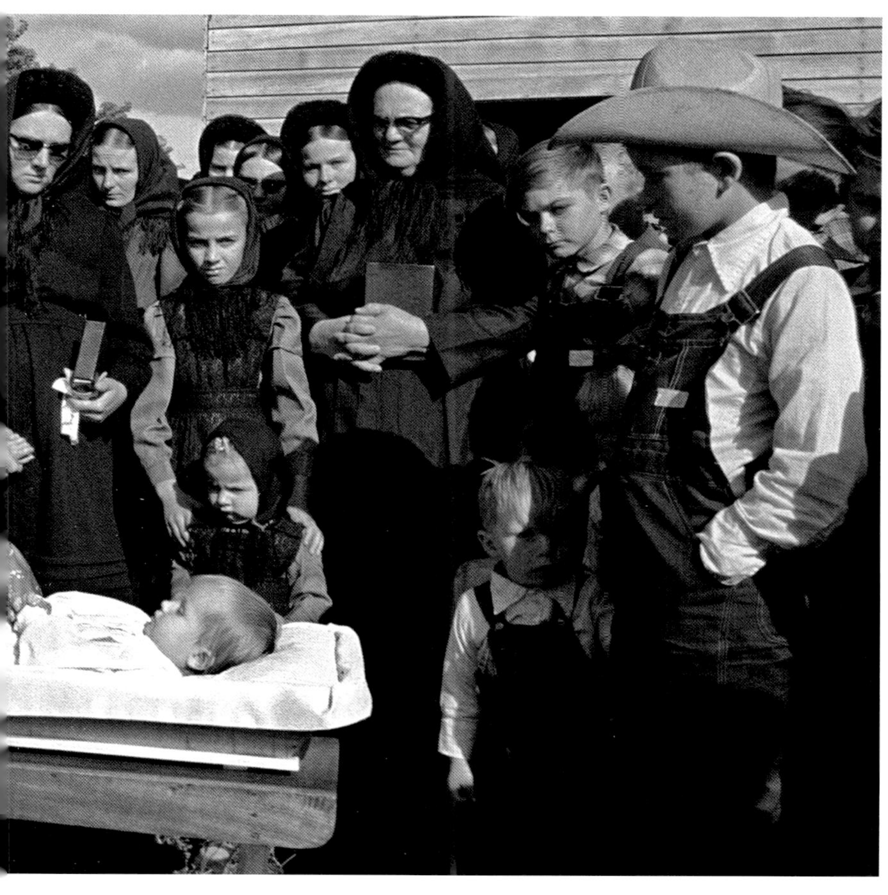

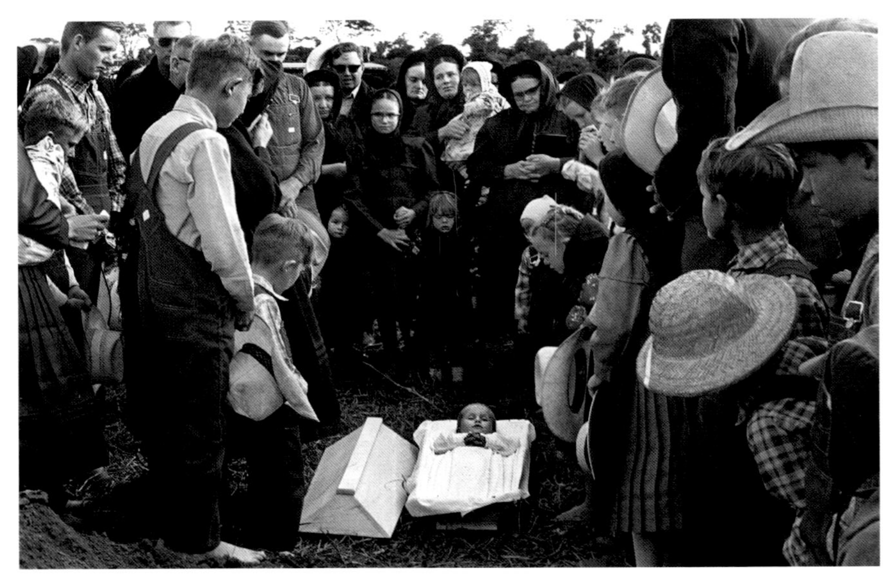

51. Entierro. Nueva Durango, Paraguay, 1988

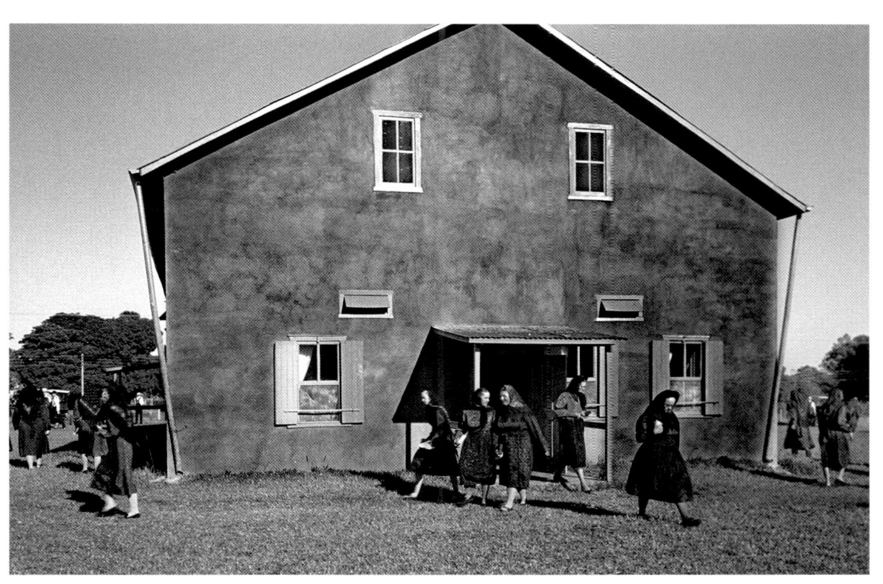

52. Iglesia. Nueva Durango, Paraguay, 2003

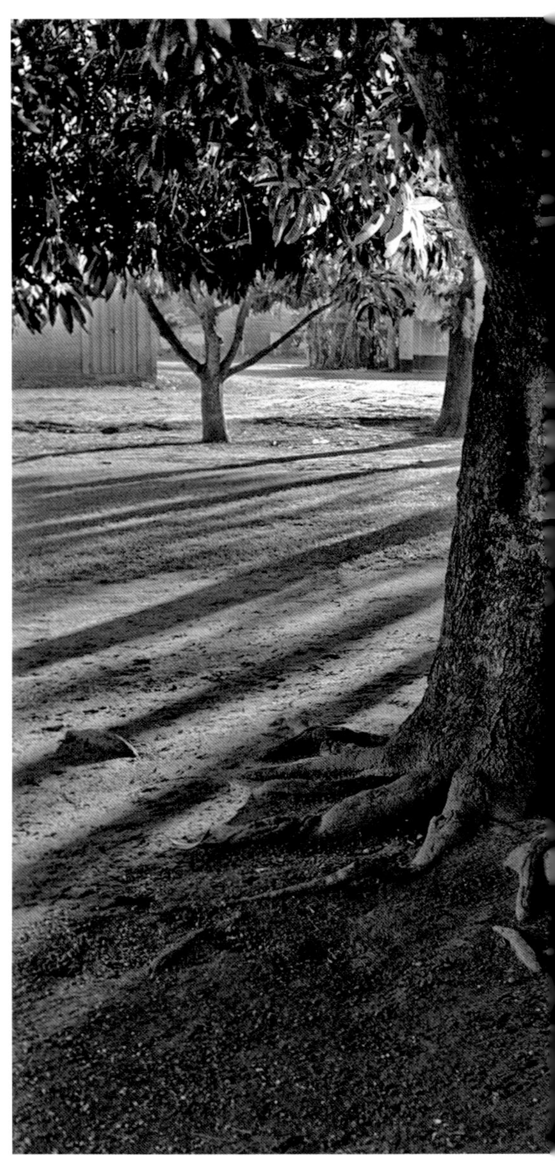

53. Nueva Durango, Paraguay, 2003

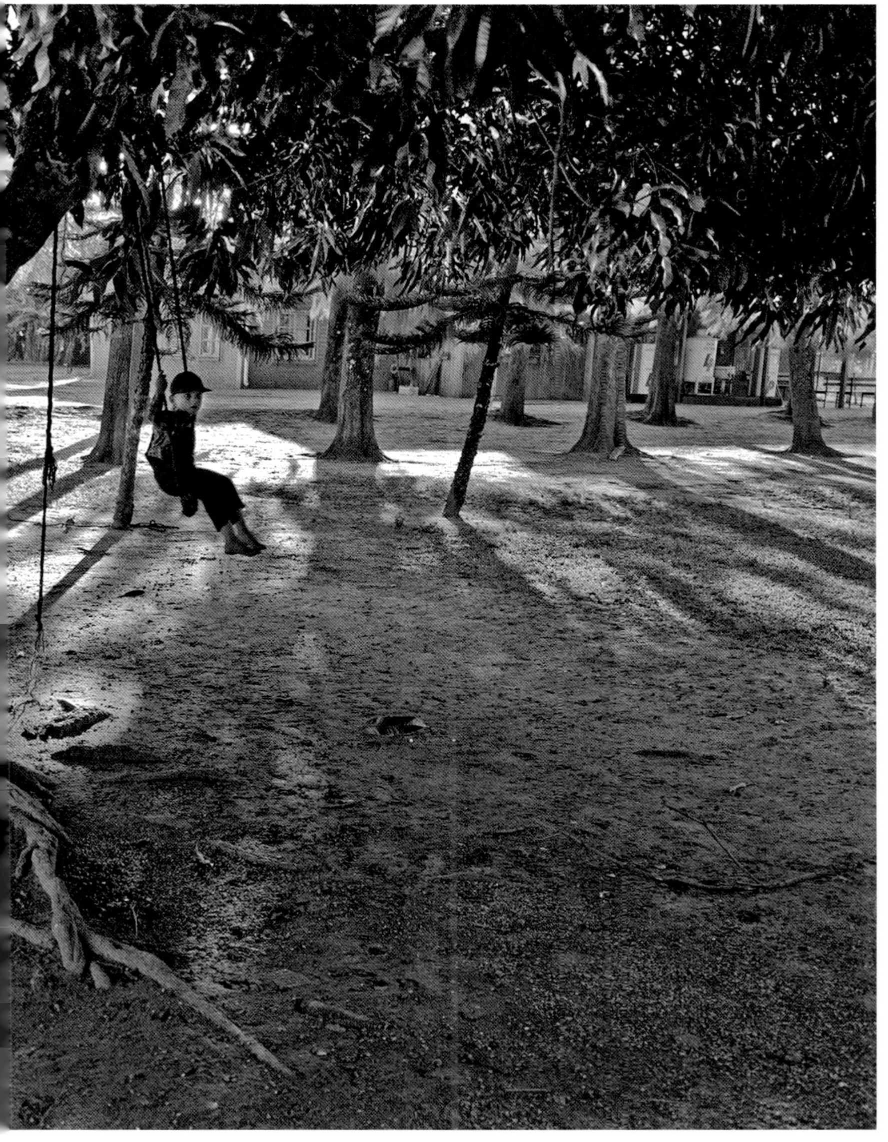

Cronología

1951 Nace en Pamplona.
1974 Reside en Madrid.
      Realiza estudios de Ingeniería en la Universidad
      Politécnica.
      Contacta con varios círculos fotográficos, como los
      foros de los colegios mayores universitarios, en los
      que conoce a otros fotógrafos con los que comparte
      ilusiones e inquietudes, la galería Redor, dirigida
      por Rosalind Willians, quien más tarde apoyará sus
      trabajos, la Real Sociedad Fotográfica, donde conoce
      a los miembros de la llamada Escuela de Madrid
      (Cualladó, Dolcet, Vielba, Gómez, Cantero…).
1981 Edita el libro *Fotografías* junto a los fotógrafos
      Cánovas, Torregrosa y Guerendiain.
1983 Realiza su primer viaje a América: Paraguay, Brasil
      y Argentina. Será el inicio de su periplo por ese
      continente en los próximos treinta años.
1987 Participa en el proyecto *Un día en la vida de España* y
      fotografía a los pintores Antonio López y Guillermo Pérez
      Vilalta. Mientras realiza este trabajo, fallece su padre
      Jesús Bergasa, su maestro y mentor.
1988 Realiza la primera visita a la colonia menonita de
      Nueva Durango, en Paraguay, donde comienza su
      trabajo sobre esta comunidad. Coordina la realización
      del documental *Mennonitas*, emitido por Documentos
      TV de TVE.
1989 Durante dos meses (abril y mayo) recorre Bolivia,
      realizando diferentes reportajes fotográficos publicados
      en las revistas *GEO, Viajar* y *Gente y Viajes*.
      Se publica en *El País Semanal* y *GEO* su trabajo sobre
      los menonitas.
1990 Viaja a Paraguay y Bolivia.
      Realiza el reportaje de la vida del piloto de aviones
      carniceros, Walter Ballivian.
      Coordina los documentales que emite TVE *Aviones
      carniceros*, en Bolivia, y *A través del río Paraguay*,
      en Paraguay.
1991 Asiste al curso de fotoperiodismo impartido por
      Sebastião Salgado, en El Escorial.
      Viaja a la India, junto al periodista Manuel Velasco,
      para realizar un reportaje que publicará la revista *GEO*
      al año siguiente.
      Visita Cuba para coordinar los documentales para
      televisión *Nueva trova cubana* y *Fotógrafos de la
      revolución cubana: Raúl Corrales y Korda*.
1996 / 98 Realiza tres visitas más a México y trabaja en
      «Noche de difuntos».
1999 Participa en el proyecto colectivo *Aires: luz y sombras
      de Las Palmas de Gran Canarias*. Centro Atlántico de
      Arte Moderno.

2002 Forma parte del proyecto *Ver y sentir: Valencia
      fotografiada*.
2003 Después de quince años, regresa a la colonia
      menonita de Nueva Durango para ampliar su trabajo
      fotográfico.
2004 Nace su hija Sofía.
2006 Realiza el documental para TV *Misiones de Chiquitos*,
      en Bolivia.
2011 Tercera visita a la colonia menonita de Nueva Durango.

Exposiciones individuales

1977 Real Sociedad Fotográfica, Madrid.
1980 Ateneo Jovellanos, Agrupación Fotográfica Gijonesa.
1983 Galería Artesanos, Asunción.
1986 Centro de Arte y Diseño Fábrica, Asunción.
1987 *El hombre y su entorno laboral/ naturaleza*.
      Galería Nueva Imagen, Pamplona.
1989 *El hombre y su entorno laboral*. Museo de Arte e
      Historia, Durango, Vizcaya.
1992 *Miradas en Latinoamérica*. Ayuntamiento de Pamplona.
1993 *Miradas en Latinoamérica*. Instituto Cervantes, Tetuán,
      y Photomuseum, Zarautz, Guipúzcoa.
1995 *En busca del Sur*. Medios Mundi, Casa de América,
      Madrid.
1996 *Miradas en Latinoamérica*. Ayuntamiento de
      Guadalajara.
1998 *Paraguay y otras miradas*. Museo del Barro del Centro
      de Artes Visuales, Asunción.
      Paisajes de Latinoamérica. Centro Cultural Juan de
      Salazar, Asunción.
2008 *Pueblos indígenas de América*. Médicos Mundi,
      Pamplona.
2014 *Menonitas*. Galería Espaciofoto, Madrid.
2015 *Miradas en Latinoamérica*. PHotoEspaña, Galería
      Espaciofoto, Madrid.

Exposiciones colectivas

1980 Fotomostra Iltirda. Lérida.
      Spanish Photography. Reino Unido, itinerante.
      Fotografía española. U.R.S.S, itinerante.
      I Semana de la Fotografía Española, Guadalajara.
1981 / 82 Exposición de originales del libro *Fotografias*.
      Pamplona, Lérida, Tarragona, Madrid, Bilbao, San
      Sebastián.
1984 Salón de Invités, Lodz, Polonia.
      Seleccionado por la Galería Redor de Madrid para
      participar en una exposición de fotografía española

en la Universidad de Florida y la Universidad de Ohio
State.

1986 *La fotografía en el museo*. Museo Español de Arte
Contemporáneo, Madrid.

1987 *Mi favorita y yo*. Galería Nueva Imagen, Pamplona.

1988 Arco, Galería Redor, Madrid.
Photography of the 80's: Recent Acquisitions. Center
for Creative Photography. Universidad de Arizona,
Tucson.

1997 *Tierras, gentes, pueblos*. Ateneo Navarro, Pamplona.

2000 *Aires: luz y sombras de Las Palmas de Gran Canarias*.
CAAM, Las Palmas.

2001 *Al sur del lugar*. Centro Cultural Juan de Salazar,
Museo de América, Asunción, y PHotoEspaña, Madrid.

2002 Arco. Colección de la Comunidad de Madrid.
New Frontiers. Galería Claudia, Fotofest, Houston.

2003 *Ver y sentir: Valencia fotografiada*. Las Atarazanas,
Conselleria de Cultura, Valencia.

2004 *Ver y sentir: Valencia fotografiada*. Centro Cultural de
Recoletas de Buenos Aires.

2005 *Arte solidario*. Complejo El Águila, Madrid.

2011 *El tiempo amarillo*. Círculo de Lectores, Barcelona, y
Museo del Traje, Madrid

Libros

1981 *Photography Year Book* Londres.
Fotografías. Bergasa-Cánovas, Pamplona.

1987 *Un día en la vida de España*. Nueva York.

1991 *Fotografía española: proyecto cuatro direcciones*.
Museo Reina Sofía, Madrid.

1997 *Imágenes y palabras*. Ayuntamiento de Pamplona.

2000 *Aires: luz y sombras de Las Palmas de Gran Canaria*.
CAAM, Las Palmas.

2003 *Ver y sentir: Valencia fotografiada*. Consorcio de
Museos, Valencia.

2010 *El tiempo amarillo*. Publio López Mondéjar, Lunwerg.

2012 *Navarra/ fotografías*. Carlos Cánovas.

Obras en museos y colecciones

Center for Creative Photography, Tucson, Arizona.
Museo Municipal de Limoges, Francia.
Museo de Navarra, Pamplona.
Museo del Barro, Centro de Artes Visuales, Asunción.
Centro Atlántico de Arte Moderno, Las Palmas.
Dirección de Cultura, Comunidad de Madrid.
Photomuseum, Zarauz.

Here and There, His Way

Rosalind Williams

Photography is a part of everyone's everyday life. Nearly everyone in just about any country in the world can say that they have taken a photograph at one time or another in their lives. Whether this reality allows them to call themselves amateur or professional photographers is another consideration.

The photography in Spain has demonstrated great advancement especially since the 1970s and enjoys a very stable presence. To perceive some of the obstacles Miguel Bergasa and other photographers working in Spain tended to face, a reflection on some historial facts in relation to the progress of the medium in the country could be appropriately mentioned.

In reflecting on photography as produced in Spain, one ponders on the scarcity of information about photography's practitioners in the country, wondering why photographers from Spain are not better known beyond the country's borders. This is evident in leafing through catalogues of significant, international photography venues such as Paris Photo or AIPAD in New York.

It might be surmised that photographers from Spain either ignore participating in such venues or do not know how to access such visibility. Many years ago, a friend, the photograph historian Lee Fontanella, and I concluded after broaching the subject of the presence of photographers from Spain on the international arena, that the perfect title for a book about photography in Spain would be *Up the Steep Path and Inside the Walled City of Photography from Spain*.

The path of the photographer working in Spain can be compared to, as it were, an endless journey across the desert. Life inside the "Walled City of Photography" in Spain proves to be an arduous and complicated task for its practitioners.

Going back in time, since the beginnings of photography in 1840 or so, photography in Spain has always more or less been on the back burner, not part of the main chain of events, as it were. In other words, not really part of the major historical photographic movements or inventions. Activity was centered in France and England. Those in Spain desirous of practicing photography had to embark on arduous journeys to those countries in order to obtain necessary information and supplies to be able to become a photographer. Given the agrarian, unindustrialized nature of the country, practicing photography was limited to a class of individuals with the necessary means and time at their disposal and for the most part belonging to liberal professions.

Eventually, by the 1860s Spain became a destination for foreign photographers desirous of portraying exotic subject matter for their viewers as well as a necessary trajectory on their way to distant lands. The British photographer Charles Clifford, and later the French photographer Jean Laurent, both worked extensively for the Spanish royal family, each photographer maintaining staffs of local apprentices and assistants.

These young Spanish aspiring photographers learned the process from these and other foreign photographers traveling throughout the country until they were confident and able enough to venture out on their own, setting up their own studios in cities such as Madrid, Barcelona, Valencia or Seville.

The evolution of photography in Spain had moved along smoothly since the end of the 19th century and during the first years of the 20th century, but with the brutal upheaval of the Spanish Civil War screeched to a very abrupt halt. Well into the 1940s and beyond, according to López Mondéjar, "[…] Franco's Spain closed in upon itself and condemned its people to a long and impoverishing period of international isolation".

Fortunately, for photographers in particular and the general public in Spain and abroad, the situation as of the early 1950s began to change and has continued to do so ever since. In a stab at modernization and advancement as well as an effort to advance the practice of photography throughout Spain, which had been seriously crippled by the brutal upheaval of the Spanish Civil War and its aftermath, in the mid-50s efforts were poured into the formation of very rudimentary, austere, membership-based photography organizations or photography clubs called "agrupaciones fotográficas". Enjoying tremendous popularity as the main source of photographic activity, these groups proliferated in large and small cities throughout the entire country. It was through these organizations that those interested in the medium could learn basic photographic skills and become acquainted with other photographers. Exhibitions on the part of members and guest photographers were scheduled on a regular basis.

To continue the simile, paths began to form leading out of the "Walled City of Photography in Spain" and these "clubs" began to participate in national and international competitions and exchanges. It was through these types of organizations that Miguel Bergasa introduced himself into the photography community. First in Pamplona, then in Madrid.

Miguel Bergasa, originally from Pamplona, became interested in photography in the early 1970's. Before this, a family friend had lent him a camera with which he could experiment. Later, a friend, Adolfo Martínez, accompanied him to the Agrupación Fotográfica de Navarra, where he learned to perfect skills in developing and printing.

Once he moved to Madric, he was briefly in contact with the Real Sociedad Fotográfica, where he visited exhibitions by members and guest photographers. He entered in contact with beginning and established photographers and visited on regular basis the city's only photography galleries, Photocentro and Redor. He also attended exhibitions held in university residences or "colegios mayores"_– and participated in competitions. He had an interest in constantly viewing exhibitions, one in particular of works based on photographs from Latin America in 1982 at the former Museo Español de Arte Contemporáneo, which included works by Chambi, Álvarez Bravo, Graciela Iturbide, as well as images by the Argentine photographer, Pedro Luis Raota. This exhibition sparked an interest in Latin America that continues to this day.

During the period, he was in Madrid he bought his first camera, in 1974. The Rastro, Madrid's flea market, held a special attraction for him and he would spend his Sunday's taking pictures there. Gradually he grew to know that his photographs were a reflection of his desire to write a diary of his life, preferring black and white imagery to written texts.

Born into a family of educators —both his parents were teachers–, from a young age he was accustomed to being surrounded by order. His father, in particular, served as his mentor and instilled in him the value of hard work accompanied by skills of organization. Applied to his photographic career, these are essential habits Bergasa has developed and exercises meticulously.

His main interest over the years has been capturing and documenting moments that have disappeared, that no longer form part of everyday Spain.

Foremost in his photography is the passion he feels for the themes he covers. Although his photographic methodology is permeated with three P's: passion, patience, perseverance. Following the spark ignited by the exhibition of Latin American photography viewed in the early 1980s, he has immersed himself in documenting various aspects of life in Spain and Latin America.

Since 1983, over an expanse of thirty-two years, Bergasa, has made twenty-seven trips to photograph in Latin America. Not only does he venture into greater depth in understanding the various cultures of each country in which he chooses to work, but perseveres in investigating deeper into a given theme, drawing on his ongoing curiosity in discovering new cultures and that which surrounds him at any given moment.

There are series that draw on his interest in certain areas of culture in Spain and he investigates visually establishing comparisons in Latin America. This is evident in the series *Ritos y otras tradiciones* ("Rites and Other Traditions") in which he produced images of Holy Week processions and pilgrimages in his homeland, Navarre. Then, he exported the same idea to Latin America, showing with his camera subtle and obvious comparisons with ceremonies from the Colonial époque and, in the case of those celebrations in Latin America, mixing the passion of Christ with the presence of Roman centurions.

Working between Madrid and Pamplona permits him to distance himself from the contaminated world of what he calls, the "photographic media circus". As he sees it between 1974 and 1980, photography in Spain was swaying from one trend or another, more or less all over the place, or, in other words, undefined. By the 1980s photography in Spain saw the development of certain styles, with some photographers following certain trends in the production of a given imagery considered fashionable, along with the proliferation of open competitions. At this moment, Bergasa concentrated on documenting the human condition.

It was during this period that he begins his ongoing series *El hombre y su entorno* ("Man and his Surroundings"), based on various professions quickly becoming extinct in Spain. Working first in Pamplona and other municipalities in Navarre, then in other cities in Spain, Valencia and Las Palmas de Gran Canaria. At the same time, among his various trips to Latin America, he also adapted this series to a Latin American reality.

Working nearly always in solitude, Bergasa's work as a photographer is characterized by his veritable passion for photography. This incredible passion is accompanied by an ingrained habit of patience and perseverance. This is evident in his remarkable and possibly most famous series, *Menonitas* ("Mennonites"), done in Paraguay. In this series, done at various times over a number of years when he traveled several times to Paraguay, Bergasa established an ongoing relationship with the Mennonite community and was permitted to engage within the various families in their most intimate moments. His amiable personality helps him gain the confidence of his subjects, producing very poignant images at obviously very special moments, such as visits to meet with family friends, a religious ceremony, and a funeral.

Admittedly, he did not allow himself to be distracted by what the photography community in Spain might deem any given series or imagery as fashionable. He is known to say that he has always done series that he considered worthy of his attention and effort. Faithful to his roots in Pamplona, to his friends and acquaintances in Madrid and to those in the many Latin American countries in which he has worked, Bergasa has discovered during his forty years as a photographer that once a sound work ethic is established and followed, recognition will follow. This is, in essence, the most important secret of his philosophy as a photographer.

Freedom, for better or worse, from the restrictions of grants and other subsidies, has let Miguel Bergasa independently choose to bring Latin American imagery to Spain in an ongoing, simple manner, allowing his photographs to dilute the boundaries between the two worlds and making frontiers nearly indistinguishable. Bergasa's photography is here, Spain, as well as there, Latin America.

Rosalind Williams

Nacida en Nueva Orleáns, creció y estudió en San Francisco. Trabaja como comisaria independiente en fotografía y es también artista gráfica. Se licenció en el San Francisco College for Women (Universidad de San Francisco) y participó en un programa de máster de la Universidad de California en Berkeley. Ha dirigico la galería Redor en Madrid y ha comisariado numerosas exposiciones, entre ellas *Fotografía americana del siglo xx* (La Caixa) y *Nicolás de Lekuona: imagen y testimonio de la vanguardia* (Museo Nacional Centro de Arte Reina Sofía). Sus obras de arte se han expuesto en Madrid, Barcelona y San Francisco.

Born in New Orleans, she was raised and educated in San Francisco. She works as an independent curator in photography and a visual artist. She has a BA from San Francisco College for Women (University of San Francisco) and has participated in an MA program at University of California, Berkeley. She is former director of Galería Redor in Madrid and has curated numerous exhibitions including, among others, *Fotografía americana del siglo xx* (La Caixa) and *Nicolás de Lekuona: imagen y testimonio de la vanguardia* (Museo Nacional Centro de Arte Reina Sofía). Her artwork has been exhibited in Madrid, Barcelona and San Francisco.

PHoto**Bolsillo**

Director de la colección/ Series editor
Chema Conesa

Coordinación/ Coordination
Doménico Chiappe

Diseño original/ Original design
Fernando Gutiérrez

Traducción/ Translation
Miguel Marqués

Fotomecánica/ Photomecanics
Museoteca

Impresión/ Printer
Brizzolis

© de las imágenes/ Image
Miguel Bergasa

© del texto/ Text
Rosalind Williams

© de la presente edición/ Present edition
La Fábrica, 2015

ISBN
978-84-16248-36-0

Depósito legal/ Legal deposit
M-28465-2015

LA FÁBRICA

Director general / General Manager
Álvaro Matías

Directora editorial / Editorial Content Manager
Camino Brasa

Director de Desarrollo / Development Manager
Fernando Paz

Director de Producción / Production Manager
Rufino Díaz

Distribución / Distribution
Raúl Muñoz

LA FABRICA

Presidente / President
Alberto Anaut

La Fábrica
Verónica, 13
28014 Madrid
Tel.: 34 91 360 1320
edicion@lafabrica.com
www.lafabrica.com

Una coedición entre / A Coedition Between

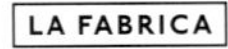

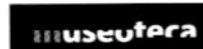

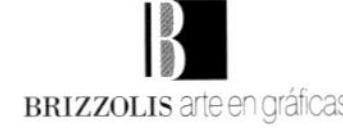

Xavier Miserachs
Nicolás Muller
Humberto Rivas
Ricky Dávila
Koldo Chamorro
Francesc Català-Roca
Carlos Pérez Siquier
Luis Pérez-Mínguez
Gabriel Cualladó
Javier Vallhonrat
Miguel Trillo
Pilar Pequeño
César Lucas
Fernando Gordillo
Agustí Centelles
Baylón
Isabel Muñoz
José María Díaz-Maroto
Cristóbal Hara
Antonio Tabernero
Alberto García-Alix
Pablo Genovés
Clemente Bernad
Carlos Serrano
Ramón Masats
Óscar Molina
Cristina García Rodero
Pablo Pérez-Mínguez
Joan Fontcuberta
Navia
Ricard Terré
Fernando Herráez
Oriol Maspons
José Ignacio Lobo Altuna
Xurxo Lobato
Genín Andrada
Valentín Vallhonrat
Vari Caramés
Juan Manuel Díaz Burgos
Ferran Freixa
José Antonio Carrera

Manuel Vilariño
Kim Manresa
Rafael Navarro
Toni Catany
Luis Escobar
Marta Sentís
Chema Madoz
Ciuco Gutiérrez
Alberto Schommer
Ouka Leele
Manel Esclusa
Laura Torrado
Ángel Marcos
Ortiz Echagüe
Francisco Ontañón
Carlos Saura
Alfonso
Juan Manuel Castro Prieto
Pep Bonet
Juantxu Rodríguez
Paco Gómez
Virxilio Vieitez
Gonzalo Juanes
Rosa Muñoz
Leopoldo Pomés
José Ramón Bas
David Jiménez
Leonardo Cantero
Jordi Socías
Colita
Alfredo Cáliz
Gervasio Sánchez
Txema Salvans
Matías Costa
Emilio Morenatti
Pierre Gonnord
Ricardo Cases
Sofía Moro
Joan Tomás
Atín Aya
Rafael Trobat

José Cendón
Luis de las Alas
Joan Fontcuberta 2
Chema Conesa
Ragel
Samuel Aranda
Rafael Sanz Lobato
Juana Biarnés
Manuel Outumuro
Cristina de Middel
Carlos Spottorno
Aitor Lara

**Biblioteca de Fotógrafos
Latinoamericanos**

Luis González Palma
Casasola
Marcos López
Cia de Foto
Raúl Cañibano
Alberto Korda
Tito Caula

**Biblioteca de Fotógrafos
Africanos**

Jean Depara
Samuel Fosso
Mama Casset
Zwelethu Mthethwa

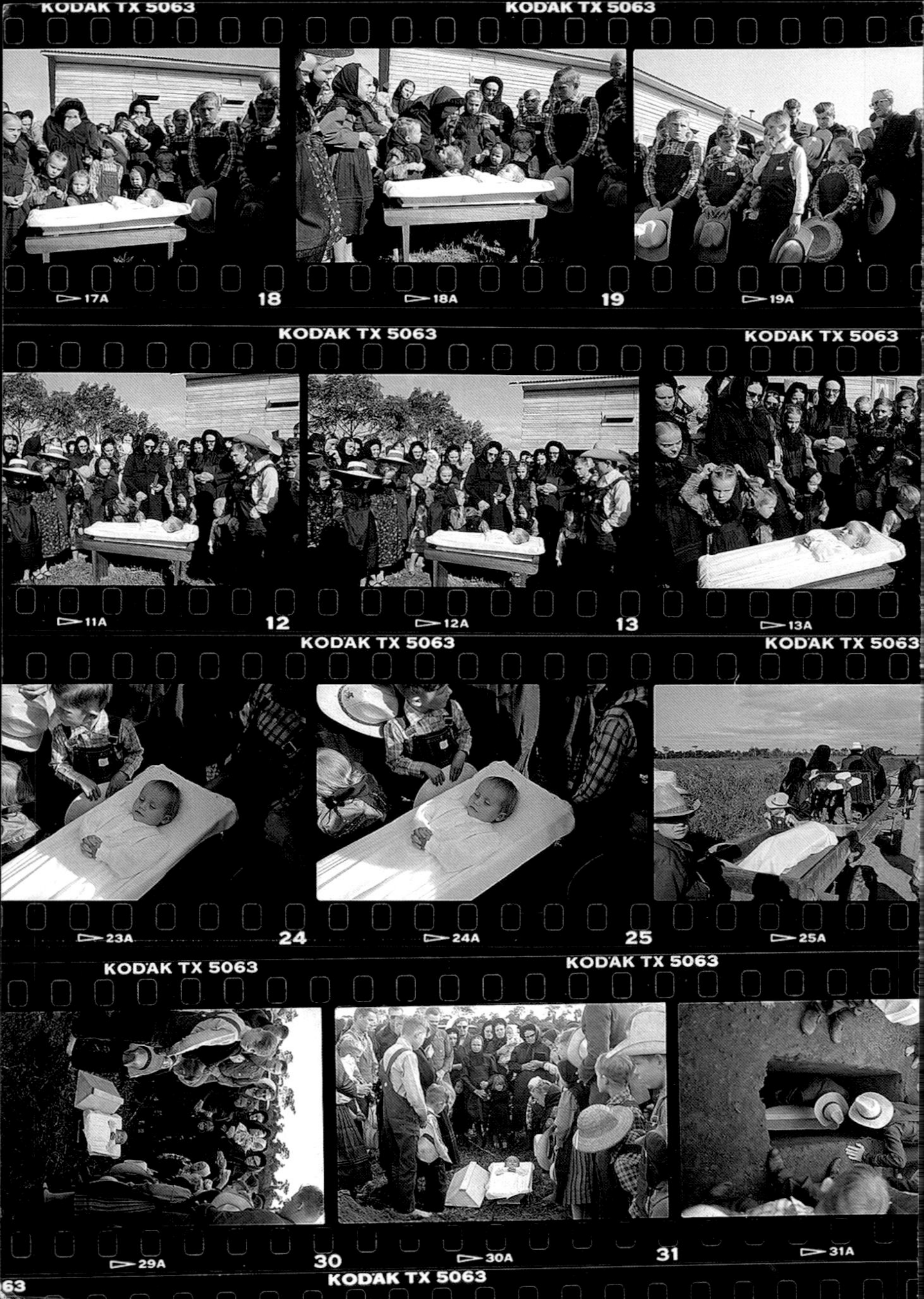